beck^Ische reihe

W0095852

b^{sr}

Zunehmend mehr Kinder bringen Eltern und Lehrer an den Rand der Verzweiflung, weil sie von ständiger Unruhe getrieben sind und sich in Schule, Familie und Jugendgruppen zu Störenfrieden entwickeln. «Aufmerksamkeitsdefizit» bzw. «Hyperaktivität» lautet die ärztliche Diagnose für dieses vor dreißig Jahren zum ersten Mal beschriebene Syndrom. Doch ist nicht unsere gesamte Medien- und Informationsgesellschaft, mit dem Computer als Taktgeber, permanent in heller Aufregung? Sind die Kinder nicht nur jene Wesen, an denen dies besonders auffällig wird? Christoph Türcke spricht von einer «Aufmerksamkeitsdefizitkultur». Was mit dem Film begann, hat durch das Fernsehen und dann den Computer eine ungeheure Steigerung erfahren: Unsere Aufmerksamkeit wird von den Bildmaschinen absorbiert und zermürbt – eine Erfahrung, die schon das kleine Kind bei seinen Eltern machen muß.

Was aber für die Diagnose des allgegenwärtigen Defizits an Aufmerksamkeit gilt, gilt erst recht für seine Therapie: Sie ist eine gesellschaftliche Aufgabe. Statt unseren Kindern Ritalin zu verabreichen, um sie ruhigzustellen, sollten wir besser Gegenmaßnahmen treffen, um den Schwund an Fähigkeit zu ungeteilter Aufmerksamkeit aufzuhalten. Einen Schritt in diese Richtung unternimmt der zweite Teil dieses Buches. Er plädiert für die stärkere Verankerung von Ritualen im Schullalltag. Ritualkunde, so seine These, muß zu einem regulären Schulfach werden. Eine Streitschrift, die nicht nur Eltern und Erzieher herausfordert, sondern die Grundlagen unserer Gesellschaft auf den Prüfstand stellt.

Christoph Türcke ist Professor für Philosophie an der Hochschule für Grafik und Buchkunst in Leipzig. Im Verlag C. H. Beck sind von ihm erschienen: *Erregte Gesellschaft. Philosophie der Sensation* (²2011), *Vom Kainszeichen zum genetischen Code. Kritische Theorie der Schrift* (2005), *Philosophie des Traums* (³2011).

Christoph Türcke

Hyperaktiv!

Kritik der Aufmerksamkeitsdefizitkultur

Verlag C.H.Beck

Für Angelika

Originalausgabe

© Verlag C.H.Beck oHG, München 2012
Satz, Druck u. Bindung: Druckerei C.H.Beck, Nördlingen
Umschlagentwurf: malsyteufel, Willich
Printed in Germany
ISBN 978 3 406 63044 6

www.beck.de

Inhalt

Vorwort 7

1. Aufmerksamkeitsdefizitkultur 11
Das opfernde Tier 13 – Profanierung 18 – Maschinelle Wiederholung 22 – Bildschock 25 – Hirnstörung 30 – ADHS-Herd 38 – Kulturstörung 41 – Geteilte Aufmerksamkeit 47 – Multitasking 54 – Neunmonatsrevolution 57 – Introitus interruptus 63 – Konzentrierte Zerstreuung 69 – Repsychotisierung 72 – Nachsitzen 77

2. Ritualkunde: Skizze eines Schulfachs 79
Vorklärung 79 – Deregulierung 83 – Primarunterricht 87 – Lesen und schreiben 96 – Fachkonferenz 101 – Soziale Strukturen 106 – Werte 110 – Bekennen lernen 114

Nachbemerkung und Dank 119
Literaturverzeichnis 120

Philosophie hat es mit dem Verhältnis von Allgemeinem und Besonderem zu tun. Das Allgemeine geht alle an, aber niemanden besonders. Für sich genommen ist es egalisierend, unpersönlich, unanschaulich, abstrakt, mit einem Wort: uninteressant. Wann immer uns etwas berührt, erregt, erschüttert, zermürbt oder beglückt, so ist es etwas Besonderes. Nur ist das Besondere auch das Abgesonderte, Zusammenhanglose. Für sich genommen bleibt es unverständlich. Es verstehen heißt *mehr* darin erkennen als es selbst: einen Zusammenhang, eine Konstellation, ein Muster, kurzum, etwas Allgemeines. Genau darum geht es auf den folgenden Seiten: das Allgemeine im Besonderen, aber auch das Besondere im Allgemeinen. Verhandelt wird ein Phänomen, das in allen von Hochtechnologie durchdrungenen Gesellschaften bei Kindern und Jugendlichen rasant um sich greift und alle Beteiligten unruhig, unsicher und sprachlos macht. Der Name, den es auf sich gezogen hat, stammt aus der Psychiatrie: Aufmerksamkeitsdefizit-Hyperaktivitätssyndrom (ADHS). Das klingt wie die prägnante Diagnose einer Krankheit, ist aber bloß ein Hilfswort für etwas Unverstandenes. Es fehlt nicht an Bemühungen, es zu verstehen. ADHS-Studien laufen auf Hochtouren. Aber sie kommen nur wenig voran. «Je näher man ein Wort ansieht, desto ferner sieht es zurück», sagte Karl Kraus.[1] Ähnlich ist das bei ADHS, einem Phänomen, das die Fachleute gern «multifaktoriell» nennen. Je genauer sie es unter die Lupe nehmen, je mehr sie es in Faktoren zerlegen, desto nachdrück-

---

1 Kraus 1986 [1919], 291.

licher weist es von sich weg und über sich hinaus. Wer klären will, was ADHS ist, lädt sich weit mehr auf als nur dieses Phänomen. Er bekommt es mit etwas höchst Allgemeinem zu tun: einer ganzen Aufmerksamkeitsdefizitkultur.

Damit steht weit mehr zur Verhandlung, als allen Beteiligten lieb sein kann. Sie werden auf eine Grundsatzfrage zurückgeworfen, die längst beantwortet schien. Was ist das eigentlich: Aufmerksamkeit? Jeder, der einem anderen «Paß auf» zuruft, glaubt das zu wissen und unterstellt, daß der andere es ebenso weiß. Aber was bekannt ist, ist damit noch längst nicht *er*kannt. Bestimmte Dinge lernt man erst dann verstehen, wenn sie sich nicht mehr von selbst verstehen – wenn sie bedroht sind. Und tatsächlich hat eine historische Phase begonnen, in der sich menschliche Aufmerksamkeit als ein verlierbares Gut herausstellt. Um so dringlicher die Frage: Wie wurde denn dieses Verlierbare einst erworben? Wie konnte es so in die menschliche Natur eingehen, daß es jahrtausendelang wie eine natürliche Mitgift erschien? Wer ernstlich versucht, aktuelle Aufmerksamkeitsdefizite zu verstehen, sieht sich unversehens in ferne Vergangenheit gelotst und steht vor der Frage, was eigentlich unter Menschwerdung zu verstehen ist. Es gilt sogar, Menschheitsgeschichte noch einmal neu verstehen zu lernen: als Wiederholungsgeschichte. Nein, nicht im Sinne einer ewigen Wiederkehr des Gleichen. Wiederholung ist ja nie nur dasselbe noch einmal, immer verläuft sie auch anders – zu anderer Zeit, unter anderen Umständen, mit anderen oder zumindest anders gestimmten Beteiligten. Nie tritt sie nur auf der Stelle; stets variiert sie auch, anfangs zumeist unmerklich, im Laufe längerer Zeiträume aber immer offensichtlicher.

Veränderungen, die durch Wiederholung zustande kommen, sind in der Regel nachhaltig. Sie verfliegen nicht so schnell wie sporadische launenhafte Abweichungen von eingespielten Verhaltensweisen. Menschliche Geschichte ist denn auch durch bestimmte Wiederholungspraktiken, mit denen Stämme, Clans, Familien, Völker seit vielen Jahrtausenden ihre Lebensverhältnisse zu bewältigen suchen, mindestens ebenso intensiv vorangetrieben worden wie durch Umbrüche. Umbrüche, Aufstände, Revolutionen bleiben folgenlos, wenn sie sich nicht dauerhaft etablieren – in kollektiven Wiederholungspraktiken niederschlagen. Menschliche Wiederholungsgeschichte hatte seit ihren altsteinzeitlichen Anfängen ein bestimmtes Grundmuster. Vor etwa zwei Jahrhunderten jedoch geriet sie an einen neuralgischen Punkt, wo sie, ohne zu wissen, wie ihr geschah, gleichsam in Parthenogenese, einen neuen Wiederholungstyp in die Welt setzte. Der aber ist ebenso ihr Kind wie ihr Kontrapunkt. Er ist aus ihr hervorgegangen, aber er geht ihren Weg rückwärts. Und erst wenn man sich klarmacht, was für eine Wende damit eingeleitet wurde, kann man ermessen lernen, wovon ADHS der Vorbote ist.

Daß die Fähigkeit zur Aufmerksamkeit verlierbar ist, ist eine neue Erfahrung. Es folgt daraus aber nicht, daß sie verloren werden muß. Man kann gegensteuern. Einer der zentralen Orte hierfür ist die Schule. Daher beginnt dieses Büchlein zwar mit einem Schattenriß zur Menschheitsgeschichte, aber es endet mit einem Vorschlag für den Schulalltag. Skizziert wird ein Schulfach, das quer zur bestehenden Fächeraufteilung steht, aber Kräfte gegen das grassierende Aufmerksamkeitsdefizit sammeln und strukturell festigen könnte. Sein vorläufiger Name: Ritualkunde. Die Ausführungen dazu machen zwar ein eigenes Kapitel aus. Aber dessen separate Lektüre ist nicht ratsam. Voll verständlich wird es erst im Lichte der Argumentation, die zu ihm hinführt.

1. Aufmerksamkeitsdefizitkultur

Man muß nur müde sein, Angst oder Schmerzen haben, an einer Enttäuschung laborieren oder nicht wissen, wie man sich entscheiden soll, und schon kann man sich nicht mehr konzentrieren. Das ist ganz normal und zudem mit einer berechtigten Hoffnung verbunden: Sobald der Störfaktor beseitigt ist, wird die Konzentrationsfähigkeit wie von selbst zurückkehren. Im folgenden geht es um etwas anderes: die dramatisch wachsende Zahl von Kindern und Jugendlichen, die nie konzentrationsfähig geworden sind, bei nichts verweilen, nichts durchhalten können, jedes Spiel, jedes Gespräch, jeden freundschaftlichen Kontakt sogleich wieder unterbrechen, ohne daß es dafür eine klare Ursachenlage gäbe. Fachleute führen alles Mögliche an: Hirnstörungen, psychotische Disposition, zerrüttete Familienverhältnisse, niedrigen Sozialstatus, prinzipienlose Erziehung, zu viel Fernsehen. Doch ständige motorische Unruhe und gravierendes Aufmerksamkeitsdefizit findet sich auch bei Kindern, die keinerlei Hirndefekt aufweisen, nichts Psychotisches erkennen lassen und in wohlhabenden, halbwegs intakten Familien mit gemäßigtem Fernsehkonsum leben. Was fehlt ihnen? Die meisten Betroffenen, zumindest in Mitteleuropa und Nordamerika, haben genügend Nahrung und Kleidung. Nicht selten neigen sie zu Übergewicht und werfen weg, was ihnen nicht schmeckt. Oft verlangen sie nach Markenklamotten und tragen anderes nur widerwillig. Sie haben Zugang zu Schulen, Bibliotheken und modernen Geräten der Massenkommunikation (Fernseher, Computer, Handy). Sie verfügen über reichlich Spielzeug.

Um so auffälliger, wie wenig Befriedigung sie aus diesen Dingen ziehen. Haben sie von alledem zu viel?

Zumindest zeugt ihr Verhalten ebenso von Überdruß wie von Entbehrung. Irgend etwas Elementares muß in ihnen gestört sein. Deshalb stören sie ihrerseits ihre Umgebung und bringen Eltern und Lehrer gelegentlich an den Rand der Verzweiflung. Doch *was* ist gestört? Lange Zeit war «Störung» vorrangig ein Begriff des politischen Vokabulars; Störung der öffentlichen Ordnung war damit gemeint – für die einen die Gefahr schlechthin, für andere der rettende Notausgang. Die europäische Arbeiterbewegung etwa war erklärtermaßen auf eine umfassende Störung eingeschliffener sozialer Abläufe aus; nicht um das Gemeinwesen zu zerstören, sondern um zu verhindern, daß es die Mehrheit seiner Mitglieder ruiniert. Ihre Hauptstörungswaffe war die Niederlegung der Arbeit: der Streik.

Politischer Streik ist nie Selbstzweck; stets unterbricht er die bestehende Ordnung um einer anderen, besseren willen. Die Beteiligten wissen, daß sie nicht dauerhaft vom Streik und im Streik leben können. Kinder, die alles, was sie anfangen, sogleich wieder unterbrechen, wissen das nicht. Sie verstehen noch nichts von Politik und streiken dennoch. Ihr Streik ist kaum mehr als ein psychosomatischer Reflex, aber gerade deshalb etwas ganz Existentielles. Sie bestreiken ebenso ihre Umgebung wie sich selbst – aus Not, nicht aus Vorsatz oder Überzeugung. Im Vergleich dazu nimmt sich der politische Anarchismus nahezu gemütlich aus. Sein Optimismus, daß sich die menschlichen Verhältnisse von selbst harmonisch regeln werden, wenn nur erst alle staatlichen Institutionen und Gesetze beseitigt sind, zehrt vom Urvertrauen in eine alle Menschen umfassende kulturelle Grundstabilität. Dies Vertrauen fehlt ADHS-Kindern. Ihr Anarchismus ist radikaler. Er widerlegt, daß kulturelle Stabilität gleichsam mit der Muttermilch eingesogen wird und zur menschlichen Grundausstattung gehört. Er erinnert daran, daß Kultur weder vom Himmel gefallen noch angeboren ist; daß alles, was die Menschheit von andern Tierarten unterscheidet, mühsam erworben wurde. Evolutionstheoretisch weiß man das eigentlich; es von Kindern des 21. Jahrhunderts demonstriert zu bekommen, ist gleichwohl erschütternd. Für die Fachleute aus Neurobiologie, Psychiatrie, Psychologie und Pädagogik sind diese Kinder Objekte detaillierter Defizit-Ursachenforschung. Der Philosoph hingegen nimmt sie erst einmal als Subjekte wahr, die *ihm* Fragen stellen – durch ihr Verhalten. Was macht kulturelle Stabilität aus? Wie hat es zu ihr kommen können? Welche Opfer hat ihr Erwerb gekostet? Das sind nichts Geringeres als Menschwerdungsfragen. Sie nötigen dazu, das dunkle Kapitel der menschlichen Frühzeit erneut aufzuschlagen – sozusagen noch einmal von vorn anzufangen. Das kostet Selbstüberwindung. Aber es lohnt sich. Die gesamte Defizit-Ursachenforschung rückt dadurch in neues Licht.

Das opfernde Tier

Menschen sind Wiederholungstäter. Mehr noch: Erst dadurch, daß sie auf artspezifische Weise zu Wiederholungstätern wurden, wurden sie zu Menschen. Sowenig wir vom Menschheitsanfang auch wissen, eines ist sicher: Zur Menschwerdung gehört die Ausbildung von Sitten und Gebräuchen. Deren Elementarformen aber sind sakrale Riten, und die wiederum haben eine gemeinsame Wurzel: das Opferritual. Wer sich archäologisch auf die Spuren der frühen Menschheit begibt, stößt unweigerlich auf Rückstände und Beigaben der Opferdarbringung. Steinzeitliche Siedlungsplätze sind regelmäßig um ein sakrales Zentrum gruppiert, sei es ein Opferstein, ein Totempfahl, ein Berg oder eine Grabstelle, und Begräbnis ist von Opferung nicht scharf trennbar. Und wer die ältesten Erzählungsschichten der Menschheit erkundet, stößt auf Mythen, in denen der Opfervollzug entweder selbst die zentrale Handlung darstellt oder sie wie ein Generalbaß grundiert. Töten – das tun auch Tiere, gelegentlich auch ihresgleichen. Aber rituell töten, in feierlicher Versammlung an einem bestimmten Ort nach einem festgelegten Schema: das ist eine Besonderheit der Spezies Homo sapiens. Das griechische Verb *rezein* ist das Wortgedächtnis für diesen Sachverhalt. Es bedeutet sowohl «Opfer darbringen» als auch generell «handeln, tätig sein» und nimmt damit das Opfern als Inbegriff menschlichen Handelns, als *die* menschenspezifische Tätigkeit – ganz ähnlich übrigens wie das lateinische *operari*, aus dem im Deutschen ebenso «operieren» wie «opfern» geworden ist.[2]

Der Mensch ist das opfernde Tier. Aber er hat das Opfern erst lernen müssen, und zwar ohne Lehrer oder Erzieher, die es ihm hätten beibringen und seine ersten ungelenken Versuche wohlwollend unterstützen und korrigieren können. Es wird Tausende von Jahren gedauert haben, bis sich feste Opferrituale bildeten. Jedenfalls dürften die menschlichen Kollektive, die vor etwa 30 000 Jahren in der Lage waren, die Wände der Höhlen von *Chauvet* so zu bemalen, daß wir heute noch sprachlos davorstehen, schon einen hochentwickelten Opferkult praktiziert haben. Nicht unwahrscheinlich, daß dessen Anfänge, je nach Weltgegend, weitere zehn, vielleicht aber auch zwanzig oder vierzig Jahrtausende zurückreichen. Man kann sich hier leicht um ein paar Jahrzehntausende verrechnen, was

2 Burkert 1997, 9 f.

die Altsteinzeitforscher denn auch als ganz normale Fehlertoleranz in Kauf nehmen. Eines freilich ist gewiß: Opfer sind keine Kleinigkeit. Man schlachtet nicht Frösche oder Fliegen, sondern Menschen und Großtiere – das Kostbarste, worüber man verfügt. So etwas tut man nicht aus Spaß, sondern nur unter äußerstem Druck: weil man sich anders nicht zu helfen weiß, weil man sich damit Entlastung zu verschaffen glaubt.

Nur: Was ist am Opfer entlastend? Es wiederholt doch Grauen und Leiden, es *tut* doch das, wovon es entlasten will. Das ist absurd. Nur hat diese Absurdität eine geheime Logik. Man kommt ihr auf die Spur, wenn man ein Verhalten genauer untersucht, das heute nur noch als pathologisches geläufig ist: den traumatischen Wiederholungszwang. Sigmund Freud war aufgefallen, daß Leute, die im Krieg oder bei Eisenbahnunfällen einen traumatischen Schock erlitten hatten, im nächtlichen Traum immer wieder in die schockierende Situation zurückversetzt wurden, sie immer wieder durchlebten, immer wieder schweißgebadet und zitternd aufwachten. Warum taten sie das, warum verdrängten sie das Schreckliche nicht einfach? Offenbar weil es viel zu mächtig war, um sich verdrängen zu lassen. Und das brachte Freud auf einen Verdacht. Geschah die absurd erscheinende Wiederholung nicht, um gegen das Eindringen traumatisierender Naturgewalt, das man nicht hatte verhindern können, nachträglich Abwehrkräfte zu mobilisieren? War der nervenzerrüttende Wiederholungszwang nicht eigentlich ein Selbstheilungsversuch des Nervensystems: ein Versuch, geeignete Nervenbahnen anzulegen, in denen ein ungeheurer, unerträglicher Erregungsschwall kanalisiert und erträglich gemacht werden könnte?[3]

3 Cf. Freud 1975 [1920], 222 f.

Damit hat Freud etwas kaum zu Überschätzendes entdeckt. In der Tat, der traumatische Wiederholungszwang ist ein Notwehrphänomen: der verzweifelte Kunstgriff eines hochempfindlichen Nervensystems. Wir wissen nicht, wie es so empfindlich hatte werden können, warum gerade ihm dieser Kunstgriff gelang und wie lange es gedauert hat, bis er eingeübt war. Wo seine ältesten Spuren greifbar werden, tritt er uns schon als entwickelte Kulturtechnik entgegen: entfaltet zu einem Opferritual.[4] Daß «Götter» dessen Vollzug «verlangen», ist schon eine relativ späte nachträgliche Rationalisierung. Der Zwang zum Opfer erklärt sich gewiß nicht durch den Willen von Göttern. Wohl aber läßt sich das Dämmern von Gottesvorstellungen aus diesem Zwang erklären. Allerdings nicht ohne weiteres. Denn der Zwang an sich bleibt unverständlich, solange seine Logik nicht als die physiologische des Wiederholungszwangs erkannt wird: Grauenhaftes vollziehen, um von Grauenhaftem loszukommen, durch ständige Wiederholung Unerträgliches allmählich erträglich, Unfaßliches faßlich, Ungewöhnliches gewöhnlich machen. Das kann anfangs kaum mehr als ein reflexartiger Vorgang gewesen sein, bar jeder Vorstellung von höheren Mächten, lediglich ein kollektives Ausagieren gemeinsam gemachter traumatischer Erfahrungen.

Ausagieren erleichtert. Doch Wiederholung von Grauenhaftem bleibt grauenhaft. Der Wiederholungszwang brachte Linderung, war aber selbst hochgradig linderungsbedürftig, und in seinem Linderungsdrang nahm er eine Wendung, über die viel zu wenig gestaunt wird. Er begann sich selbst auszulegen. Zunächst in ganz wörtlichem Sinne: Er legte sich nach außen. Einen inneren Zwang wahrnehmen, als käme er von

4 Ausführlich hierzu Türcke 2002, 121 ff.

außen, in der Gestalt einer zudringlichen höheren Gewalt: das war die primäre Auslegungsleistung. Psychoanalytiker würden von Projektion sprechen. Nur daß die in ihrem Anfangsstadium weit mehr tat, als nur innere Wünsche nach außen zu kehren. Sie eröffnete erst einmal die Dimension, in der solche Umkehrungen stattfinden können: den menschlichen Imaginationsraum. Das ist ein imaginärer Innenraum ohne jede meßbare physische Ausdehnung – ein metaphysischer Fluchtraum. Man nennt ihn auch den mentalen Raum. Vielleicht wird man nie ganz verstehen, wie er sich öffnete. Doch daß er dies nicht aus Lust und Laune tat, sondern nur auf heftiges inneres Drängen, darf als gewiß gelten. Der traumatische Wiederholungszwang eröffnete sich diesen Raum auf seiner verzweifelten Flucht vor sich selbst. Er verflüchtigte sich darin zu einer Bildgestalt, deren Anfänge wir uns kaum vage und diffus genug vorstellen können und die dennoch etwas qualitativ anderes als bloß ein Nachbild von Netzhauteindrücken war, nämlich etwas Eingebildetes, Bedeutendes – und insofern noch in einer weiteren Hinsicht Auslegung des Wiederholungszwangs: seine Interpretation. Sie deutete ihn, stellte sich als sein Wozu, sein Adressat dar: die höhere Macht über ihm. Sie gab ihm einen *Sinn*, und Sinn stiftet, was Halt, Schutz und Rettung verheißt.

«Die schreckliche Wiederholung muß sein, weil die höhere Macht sie verlangt»: das ist das Urmodell der Sinngebung. Gewiß hat es sich anfangs nicht in wohlgesetzten Worten artikuliert, eher in Erregungslauten. Von einer Sprache mit Subjekt, Prädikat und Objekt, gar mit ganzen Kausalsätzen waren die Hominiden ja noch weit entfernt. Die Selbstauslegung des Wiederholungszwangs ist durch lange Phasen der Altsteinzeit hindurch ein eher physiologischer als logischer Prozeß gewesen und hat erst ganz allmählich ein grammatisches Gerüst bekommen. Gleichwohl ist sie die Elementarform des Deutens. Innere Pein wird gewissermaßen herausgedeutet in eine äußere Bildgestalt. Und die Deutungsgemeinschaft handelt dabei ebenso gestisch wie lautlich. Sie deutet auf etwas hin und ruft etwas an, was damit als höhere Macht gedeutet wird und sich durch wiederholtes kollektives Zeigen und Rufen allmählich zu einer gemeinschaftlichen Imagination festigt. Deuten heißt intendieren. Die Intention einer imaginären höheren Schutzmacht, die Schreckliches verlangt, aber von Schrecklicherem errettet, hat den Imaginationsraum eröffnet und damit spezifisch menschliches Erleben ermöglicht.

Physiologisch gesehen besteht der Wiederholungszwang lediglich aus zweierlei: Wiederholung und Wiederholtem. Erst wenn in seinen reflexartigen physiologischen Ablauf eine Auslegung, eine Deutung, ein höheres Wozu des ganzen Wiederholens eintritt, dann wird aus ihm eine intentionale Handlung: der Opfervollzug. Der besteht aus dreierlei: der darbringenden Gemeinschaft, dem dargebrachten Opfer und dem Adressaten, dem es dargebracht wird. In psychoanalytischer Fachsprache würde man sagen: Er ist ein Produkt der Triangulierung. Und von Kult und damit von spezifisch menschlicher Kultur kann ernstlich erst die Rede sein, wo Hominiden die Triangulierung gelang.

Profanierung

Das erste große Kapitel menschlicher Wiederholungspraxis ist die Herausbildung eines Opferkults. Man darf sie als primäre Kulturarbeit bezeichnen. Aber auch der archaische Opfervollzug war ja noch grauenhaft. Eigene Stammesgenossen schlachten und wissen, daß man selbst der nächste sein könnte, den es trifft, ist auch dann furchtbar, wenn man es in der Überzeugung tut, eine höhere Macht damit zu besänftigen und das eigene Kollektiv dadurch zu retten. Und so steckte in der archaischen Opferpraxis von Anfang an der Drang nach Abmilderung ihrer selbst. Einen beträchtlichen Teil der Altsteinzeit dürfte dieser Drang frühmenschliche Kollektive schon geplagt und umgetrieben haben. Doch erst mit der neolithischen Revolution vor etwa vierzehn Jahrtausenden erlebte er seinen welthistorischen Durchbruch: als die Hirtenkultur entstand. Wenn man Tiere zähmen kann, dann kann man auch mit ihnen tun, was zuvor nur mit Menschen möglich war: sie rituell schlachten. An die Stelle des Menschenopfers konnte das Großtieropfer treten. Und nachdem das ungeheure Sakrileg, die Gottheit mit Tieren abzuspeisen statt mit dem ihr zustehenden Menschenfleisch, so weit um sich gegriffen hatte, daß es sich in den rituellen Normalfall verwandelte, ging alles weitere deutlich schneller. Wenn Menschen tatsächlich durch Großtiere ersetzbar waren, dann auch Großtiere durch kleinere, Tiere durch Pflanzen, organische Opfergaben durch anorganische aus Metall oder Ton. Jede dieser Substitutionen hat als Profanierung einer geheiligten Ordnung begonnen, ehe sie selbst sakrale Würde gewann, und je profaner das Opfer wurde, desto mehr verlor es sein archaisches Grauen. Die Frühgeschichte des Opfers ist in hohem Maße eine Substitutions- und Profanierungsgeschichte. Wie im Opfer der Drang steckt, sich überflüssig zu machen, so in der sakralen Ordnung insgesamt derjenige, profan zu werden. Profane Ordnungen sind nie direkt aus dem Naturzustand hervorgegangen. Stets haben sie eine sakrale Vorgeschichte; regelmäßig sind sie Entweihungen von etwas, was bis anhin heilig gehalten wurde. Die Pioniere der Entweihung riskierten ihr

Leben. Oft kam erst späteren Generationen ihr Wagemut zugute.

Um die Logik der Profanierung zu begreifen, muß man sich ihre Anfänge vergegenwärtigen, und die treibende Kraft darin ist tatsächlich der traumatische Wiederholungszwang gewesen. Man unterschätzt ihn bis zur Verständnislosigkeit, wenn man ihn nur aus der Perspektive moderner Psychopathologie wahrnimmt: als Seelenzerrütter. Menschheitsgeschichtlich gesehen hat er gerade durch seine erschütternde Wirkung konstituierende Kraft entfaltet. Er ist Kulturstifter. Das heißt allerdings nicht, daß er das Prinzip wäre, aus dem sich der Weltsinn schöpfen und der Weltlauf herleiten ließe. Nein, er ist lediglich eine Reaktionsform, zunächst ein bloßer Reflex, eine besondere Art von Fluchtbewegung – ohne jede höhere Absicht. Er führte zur Kultur, aber Kultur war nicht sein Ziel. «Wir suchen überall das Unbedingte, und finden immer nur Dinge»,[5] heißt es bei Novalis. So ähnlich ging es auch bei der Menschwerdung zu. Gesucht wurde Rettung, gefunden Kultur.

Der traumatische Wiederholungszwang ist schon deshalb kein Prinzip, weil er zutiefst uneins mit sich selbst ist. Seine Flucht vor dem Schrecken ist immer auch Flucht vor sich selbst. Er will *aufhören*; deshalb wiederholt er unablässig das Schreckliche. Er ist Gegenbewegung in sich selbst. Man macht sich daher gerade *keiner* monokausalen Herleitung der gesamten Kultur aus einem einzigen Prinzip schuldig, wenn man sagt: Alle Rituale, Sitten, Grammatiken, Gesetze, Institutionen, zu denen menschliche Kultur geführt hat, sind Niederschläge des traumatischen Wiederholungszwangs. Denn seine Niederschläge sind ebenso Resultate seines Wirkens wie sei-

5 Novalis 1978 [1797], 227.

nes tendenziellen Aufhörens. Er ist in ihnen verebbt; er hat sich darin beruhigt. Das ist allerdings immer erst im Nachhinein feststellbar. Nie läßt sich im Einzelfall voraussagen, ob die Verneinung durch Bejahung zu einem verbohrten ausweglosen Kreisen in sich selbst führen wird oder zu einem allmählichen Abbau ihrer selbst. Und die Tatsache, daß Kultur nur dauerhaft hat werden können, wo ein beträchtlicher Abbau zwanghafter Wiederholung gelungen ist, darf nicht die ungeheuren Opfer vergessen lassen, die dieser Prozeß gekostet hat: nicht nur die Opfer im buchstäblichen Sinn, die sakralen Menschenopfer, sondern auch die zahllosen individuellen Nervenzerrüttungen, durch die sich der traumatische Wiederholungszwang über lange Zeiträume gleichsam hindurcharbeiten mußte, um sich allmählich zu jenen Riten, Sitten und Gebräuchen zu temperieren, die die Grundstrukturen menschlicher Gemeinschaften ausmachen. Der traumatische Wiederholungszwang ist buchstäblich in der Kultur untergegangen. Er lebt darin fort als ein unberuhigter Rest, als ein sporadischer Störenfried, ein pathologisches Überbleibsel der Vorzeit – in einer Umgebung, die aus seinen Niederschlägen besteht. Er selbst ist furchtbar, seine Niederschläge sind kostbar. Jede Kultur braucht erhebende Rituale, vertraute Gewohnheiten, routinemäßige Abläufe. Sie sind die Basis jeglicher freien individuellen Entfaltung.

Das bedeutet freilich nicht, daß die temperierende Wirkung der Wiederholung die Lebensumstände stets friedlicher und für alle Beteiligten leichter macht. Auch sämtliche Herrschaftsverhältnisse entstehen ja so, daß bestimmte ungewöhnliche Unterwerfungsakte durch Wiederholung einen festen, routinierten Verlauf bekommen. Kriegsgefangene machen ist zum Beispiel nicht gerade eine Routinehandlung. Die Betroffenen werden in einem Ausnahmezustand überwältigt. Hält man sie danach aber als Sklaven und gewöhnt sie und ihre Nachkommen an diesen Zustand, so daß er schließlich zu einer festen sozialen Einrichtung wird – und Sklaverei dürfte einst tatsächlich aus der Dauernutzung menschlicher Kriegsbeute hervorgegangen sein –, so setzt sich der anfängliche Überwältigungsakt verwandelt fort. Er selbst muß vielleicht gar nicht eigens noch einmal stattfinden, aber er muß stets präsent sein – durch Befehle, Schikanen, Handgreiflichkeiten, die ihn «bedeuten» und ihn mittelbar wiederholen, indem sie allesamt die Drohung enthalten, ihn bei Widersetzlichkeit sogleich wieder zu veranstalten. Drohungen sind moderater als das Angedrohte selbst. Sklaverei als Alltagsroutine ist weniger gewalttätig als kriegerische Überwältigung. Als stillgestellter Kriegszustand hat selbst sie etwas von Waffenstillstand und Befriedung, und dennoch ist offenkundig, daß die beruhigende Wirkung, die von der Wiederholungspraxis institutionalisierter Sklaverei ausgeht, diese Institution und ihre unterdrückende Gewalt zugleich festigt.

Maschinelle Wiederholung

Das ändert nichts daran, daß die Wiederholungsdynamik der menschlichen Geschichte die längste Zeit auf tendenzielle Deeskalierung und Beruhigung hinauslief. Bis zum Beginn der Neuzeit. Dann wurde eine bahnbrechende Erfindung gemacht: der Automat. Werkzeuge gibt es, seit es Menschen gibt. «Automobile» Werkzeuge, die sich, gleichsam von selbst, immer wieder in gleicher Weise bewegen, gibt es hingegen erst seit der Neuzeit. Ihre Prototypen, durch Dampf, Benzin, schließlich durch Strom getriebene Maschinen, übernehmen menschliche Bewegungsabläufe. Das kann herrlich entlastend sein. Man läuft nicht mehr, sondern fährt Bahn oder Auto; man sägt, hobelt und schleift nicht mehr, sondern läßt eine Maschine das machen. Doch schon in der ersten industriellen Revolution, die im 19. Jahrhundert von England ausging, überwog die zermürbende Wirkung der Maschinen. Ihr menschliches Zubehör, das Proletariat, wurde in einem 12–14stündigen Arbeitstag, der in nichts bestand als in ihrer stumpfsinnigen Bedienung und Wartung, regelrecht verschlissen, ehe es sich Arbeitsbedingungen erkämpfte, die dieses Dasein überhaupt aushaltbar machten. Entlastend war die Dampfmaschine vornehmlich für die Kapitalisten, die sie besaßen und andere an ihr arbeiten ließen. Die ungleiche Verteilung von entlastender und zermürbender Wirkung, je nach sozialer Stellung, ist das kapitalistische Muttermal der Maschinerie. Es verändert sich, aber es haftet ihr bleibend an.

Mit der Übernahme menschlicher Bewegungsabläufe durch Maschinen widerfuhr der Wiederholung etwas qualitativ Neues: ihre Auslagerung aus dem menschlichen Organismus und damit ihre Objektivierung. Maschinelle Bewegungen lassen sich ungleich besser wiederholbar machen als menschliche, nämlich durch Programmierung. Die Qualität eines maschinellen Programms besteht darin, daß es immer wieder mit der gleichen Zuverlässigkeit ablaufen kann. Das Können von Maschinen ist eine neue, gleichsam übermenschliche Art von Wiederholen-Können. Was Maschinen leisten, erledigen sie gewöhnlich weit schneller, genauer und ausdauernder als Menschen. Allerdings nie ohne daß Menschen sich an ihnen zu schaffen machen. Und das heißt: Alle Wiederholungen, die Menschen auf Maschinen abwälzen, wirken auf Menschen zurück. Routinierte, immer wieder gleiche Bewegungsabläufe kannte auch schon das mittelalterliche Handwerk. Ja, sie standen beim Maschinenbau gewissermaßen Modell; sie waren es, die zu Maschinenfunktionen schematisiert wurden. Dann jedoch kam die Rückwirkung. Fabrikarbeiter waren genötigt, die Bewegungen ihres Organismus dem schematischen Bewegungsablauf der Maschinen anzumessen. Keine Maschine läßt sich handhaben, ohne daß die, die mit ihr umgehen, sich ihrem Programm, ihrem Bewegungsablauf angleichen. «Angleichung eines Ichs an ein fremdes»[6] aber ist die stehende Freudsche Formel für Identifizierung. Und in der Tat: Menschen sind gar nicht in der Lage, Maschinen zu steuern oder zu bedienen (und steuern kann sie nur, wer sie auch bedient), ohne sich bis zu einem gewissen Grad mit ihnen zu identifizieren.

Identifizierung aber gilt stets einer überlegenen Instanz, die etwas hat oder kann, was einem selbst fehlt. Und Maschinen können stets etwas, was ihr Benutzer nicht kann. Das Überlegenheitsgefühl, das ihre effiziente Nutzung verschafft, ist das Gefühl, an ihrer Überlegenheit teilzuhaben. Es ist nur die Kehrseite des Gefühls, daß *sie* die Überlegenen sind – also des Minderwertigkeitsgefühls ihnen gegenüber. Günther Anders hat es «prometheische Scham» genannt: Der Mensch als «Prometheus», als Macher der Maschinenwelt, sei in die peinliche Lage geraten, sich dem Gemachten dauerhaft unterlegen zu fühlen – sich vor ihm zu schämen.[7] Scham ist peinlich, ein Gefühl, das man lieber nicht hätte – und daher gern unterdrückt oder überspielt. Das strengt freilich an, und diese Anstrengung ist der subkutane, sublime, schwer zu fassende wie schwer zu leugnende Streß, der das menschliche Verhältnis zur Maschinenwelt dauerhaft grundiert – der Preis der Entlastung, die die Maschinen bieten.

6 Freud, 1969 [1933], 501.
7 Anders 1956, 21 ff.

Die Dampfmaschine übernahm Bewegungsabläufe. Die Bildmaschine übernahm Wahrnehmungsabläufe. Ähnlich wie das Auge auf seiner Netzhaut, so läßt die Kamera auf chemisch präparierten Flächen Bilder entstehen – Bilder, die sie genau so, wie sie sich abzeichnen, festhält, Bilder, die sie sich buchstäblich einbildet – und dann auch noch beliebig vielen menschlichen Augen zugänglich macht. Welch ein Fortschritt! Während Menschen mühsam von diffusen Eindrücken zu distinkter Wahrnehmung, von der Wahrnehmung zur Einbildung gelangen müssen, und das Eingebildete Außenstehenden zudem nur indirekt durch Gesten und Worte mitteilen können, schafft die technische Einbildungskraft der Kamera das alles simultan und direkt. Verständlich, daß die Identifizierung, die «Angleichung eines Ichs an ein fremdes», diesem Wunderwerk gegenüber ungleich intensiver ausfiel als gegenüber der Dampfmaschine. Und als die technischen Bilder dann auch noch «laufen lernten»: wie gebannt saß da das Publikum vor den ersten kurzen Filmen, auch wenn sie bloß den Ausgang der Arbeiter aus ihrer Fabrik oder die Ankunft eines Zuges zeigten. Das Faszinierende war, daß eine Apparatur es vermochte, sich diese Vorgänge einzubilden, sie zu speichern und sie, beliebig oft wiederholbar, öffentlich sichtbar zu machen.

Dieses Vermögen gab der Phantasie der Filmpioniere und ihrem Publikum zunächst einen Schub nach dem andern. Neue Ausdrucks- und Wahrnehmungsweisen eröffneten sich. Bildern schien ungeahnte Kraft zuzuwachsen. «Der sowjetische Film muß auf die Schädel trommeln», sagte Sergej Eisenstein. Er muß wirken «wie ein Traktor, der die Psyche des Zuschauers im Sinne des angestrebten Klassenstandpunkts umpflügt».[8] Walter Benjamin versprach sich von der Rezeption seiner ruckartig wechselnden Einstellungen und Schauplätze jene «gesteigerte Geistesgegenwart»,[9] die das Proletariat dringend brauche, um zur Umwälzung der kapitalistischen Gesellschaft fähig zu werden. Die nahezu messianische Erwartung, die das neue Medium weckte, hallt selbst bei Claude Lévi-Strauss noch nach, wenn er «von der Erregung» berichtet, «in die mich das neueste Bild von Picasso, das letzte Werk von Strawinsky oder die Filme versetzten, die ich, noch als Gymnasiast, mit geradezu religiösem Eifer jeden Sonntagnachmittag in einem kleinen dunklen Saal im Quartier Latin oder Montmartre anschauen ging».[10]

Eines entging den Hoffnungsträgern des neuen Mediums allerdings: wie sehr ihre eigene Einbildungskraft noch der Welt von gestern angehörte, in welchem Maße sie noch von traditionellen, vergleichsweise beschaulichen Medien und Spektakeln geformt war: Brief, Zeitung, Buch; Volksfest, Konzert, Theater – je nach sozialer Stellung und Vorliebe. Diese Einbildungskraft war es, die sie mit ins Kino brachten, als handle es sich dabei um einen sicheren mentalen Grundbesitz, der sich im Kraftfeld des Films nur erweitern, aber keinerlei Einbußen erleiden könne. Und es fiel ihnen noch nicht auf, daß die Frühblüte des Films sich nicht nur dem Reiz neuartiger Bilder, der sich rauschhaft entfaltenden Phantasie der Regisseure, der Goldgräberstimmung um ein neues Medium verdankte, sondern auch der simplen Tatsache, daß Filmvor-

8 Eisenstein o. J., 27.
9 Benjamin 1974 [1936], 503.
10 Lévi-Strauss 1995, 8.

führungen zunächst Raritäten waren: festliche Abend- oder Wochenendereignisse. Zwischen den einzelnen Filmen war viel Zeit, um das Erlebte sacken zu lassen. Es drängte nicht sogleich der nächste Streifen, die nächste Talkshow oder Nachrichtensendung nach. Erst als der Film sich durch seinen rasanten Siegeszug selbst inflationierte und vom Highlight zur Alltäglichkeit absank, erreichte er allmählich das Stadium, in dem sein maschineller Ablauf auf seine Rezipienten voll zurückwirken konnte.

Die idealen Rezipienten des Films sind anachronistische Rezipienten: Menschen, die noch in der Lage sind, anderen einen gerade gesehenen Film zusammenhängend zu erzählen, über ihn nachzudenken, ihn zu diskutieren, womöglich zu rezensieren, kurzum Menschen, die ihn mit einer Ausdauer verfolgen und mit Verhaltensweisen umgeben, die sie bei kindlichen Bastelarbeiten und Geschicklichkeitsspielen, beim Betrachten und Malen von Bildern, beim Lesen und Schreiben von Texten gelernt haben, aber nicht am Film selbst. Ist dessen Prinzip doch gerade, wie schon von Benjamin klar gesehen, der unablässige «Wechsel der Schauplätze und Einstellungen», «welche stoßweise auf den Beschauer eindringen». «In der Tat wird der Assoziationsablauf dessen, der diese Bilder betrachtet, sofort durch ihre Veränderung unterbrochen. Darauf beruht die Chockwirkung des Films, die wie jede Chockwirkung durch gesteigerte Geistesgegenwart aufgefangen sein will.»[11] Benjamin tat allerdings so, als sei diese gesteigerte Geistesgegenwart, auf die er für die Revolutionierung der kapitalistischen Gesellschaft so große Hoffnung setzte, ein Geschenk des Films selbst, sozusagen seine automatische Mitgift.

11 Benjamin 1974 [1936], 502 f.

Das Gegenteil ist der Fall. Nur eine jenseits des Films geübte Geistesgegenwart kann sich bei der Filmbetrachtung steigern, und auch das nur ein Stück weit. Wenn der Film derart zum Alltag geworden ist, daß er den größten Teil der Freizeit füllt, dann ist es nichts mehr mit dem «Auffangen» seiner Schocks durch erhöhte Geistesgegenwart, woran sich rückwirkend zeigt: Dieses Auffangen war im Grunde selbst schon als eine Art Widerstandsbewegung gedacht, gewissermaßen als sensorischer Judogriff, der den Angriff des Gegners so aufnimmt, daß er ihn in eine eigene Kraft verwandelt, die den Gegner überwindet. Das alltägliche Fernsehprogramm durch gesteigerte Geistesgegenwart auffangen wollen ist freilich ungefähr so, als wollte man eine Kompanie von Scharfschützen durch Judo aufs Kreuz legen.

Nun läßt zwar die Schockwirkung nach, wenn Bildschirme zur alltäglichen Kulisse werden, aber der «Wechsel der Schauplätze und Einstellungen», «welche stoßweise auf den Beschauer eindringen», hört damit keineswegs auf. Er wird allgegenwärtig. Nach wie vor wirkt jeder Bildschnitt als optischer Ruck, der ein «Achtung», «Aufgemerkt», «Hierhergesehen» auf den Betrachter ausstrahlt, ihm eine neue kleine Aufmerksamkeitsinjektion verabreicht, einen winzigen Adrenalinstoß – und seine Aufmerksamkeit gerade dadurch zermürbt, daß er sie ständig stimuliert. Der Bildschock übt physiologische Macht aus; das Auge wird von seinem abrupten Lichtwechsel magnetisch angezogen und läßt sich nur durch große Willensanstrengung davon abwenden. Der Bildschock übt ästhetische Faszination aus; ständig verspricht er neue, noch ungesehene Bilder. Er übt in die Allgegenwart des Marktes ein; sein «Hierhergesehen» preist die nächste Szene an wie ein Marktschreier seine Ware. Und seit der Bildschirm ebenso dem Computer wie dem Fernseher angehört, nicht mehr nur die Freizeit füllt, sondern das gesamte Arbeitsleben durchdringt, fallen auch Bildschock und Arbeitsauftrag ineinander. Die Daten, die ich mir ruckartig aufrufe, rufen mich ebenso ruckartig auf, sie zu bearbeiten – oder mit Kündigung zu rechnen.

Mit alledem ist der Bildschock zum Brennpunkt eines globalen Aufmerksamkeitsregimes geworden, das die menschliche Aufmerksamkeit durch Dauerüberforderung abstumpft. Die Gestalter von Fernsehprogrammen setzen längst nicht mehr darauf, daß ein durchschnittlicher Zuschauer längere Sendungen von Anfang bis Ende verfolgt. Sie kalkulieren von vornherein ein, daß er beim geringsten Spannungsabfall auf andere Sender umschaltet, und sind froh, wenn sie ihn wenigstens an die Highlights ihres Programms, die sie durch spektakuläre Vorschau ankündigen, temporär binden können. *Dieser* Zuschauer ist dem Aufmerksamkeitsregime des Bildschocks kongenial, nicht der Filmkritiker, der Leinwand- oder Bildschirmeindrücke professionell nachbearbeitet, Artikel und Bücher darüber schreibt und so dem Gesehenen buchstäblich hinterherhinkt. Freilich fügt sich das Geschriebene selbst zunehmend dem neuen Aufmerksamkeitsregime. Jedes Printprodukt, das noch beachtet sein will, muß sich ähnlich ruckartig wie ein Filmbild ans Auge herandrängen. Man halte nur einmal das heutige Erscheinungsbild großer Tageszeitungen gegen das von vor zwanzig Jahren; im Vergleich zu damals mutet es wie das einer Illustrierten an. Ohne große Farbfotos kann es sich kaum mehr blicken lassen. Zeitungen werden immer «ansprechender», will sagen, textärmer und bildreicher, und die Buchgestaltung zieht nach. Auch Akademikeraugen werden der Führung durch ein geschicktes Layout immer bedürftiger, haben hier einen Absatz, da eine Graphik, dort ein Bildchen immer nötiger, um das Entziffern von Schriftzeichen überhaupt noch durchzuhalten. Zu den stillen Voraussetzungen des gesamten Printdesigns gehört, daß kaum jemand mehr die Konzentration und Ausdauer hat, um einen Text von der ersten bis zur letzten Seite Zeile für Zeile zu studieren.

Und nun auch noch dies: Mehrere hundert Studienanfänger besuchen in Frankfurt am Main eine für sie obligatorische neunzigminütige «Einführung in die Sozialpsychologie». Der Professor trägt gewöhnlich sechzig Minuten vor. Gelegentlich arbeitet er dabei mit Powerpoint-Präsentation, bisweilen fügt er auch Tonbandausschnitte ein, in denen maßgebliche Vertreter des Fachs aus dem letzten Jahrhundert zu Wort kommen. Die restlichen dreißig Minuten sind der Diskussion des Präsentierten vorbehalten. Bei der routinemäßigen Evaluation dieser Veranstaltung durch Fragebögen (Was fand ich gut, was schlecht, was sollte verbessert werden etc.) gab es im Sommersemester 2011 eine signifikante Neuigkeit. Gut zehn Prozent der Teilnehmer schlugen vor, die Veranstaltung möge inskünftig durch ein bis zwei Pausen unterbrochen werden. Sich neunzig Minuten durchgängig zu konzentrieren, das sei einfach zu viel für sie.

Hirnstörung

Dies alles sind manifeste Aufmerksamkeitsdefizitsymptome. Das sogenannte Aufmerksamkeitsdefizitsyndrom (ADS) oder sogar Aufmerksamkeitsdefizit-Hyperaktivitätssyndrom (ADHS) ist nur ein krasser Sonderfall davon. Da geht es um Kinder, denen es nicht gelingt, sich auf irgend etwas zu konzentrieren, bei etwas zu verweilen, eine Freundschaft aufzubauen, ein gemeinsames Spiel durchzuhalten, Kinder, die alles Mögliche anfangen und nichts zu Ende bringen. Sie sind von ständiger motorischer Unruhe getrieben, die kein Ventil, keine Ruhestätte findet und sie zu ständigen Störenfrieden in Schule, Familie und Jugendgruppen macht. Daß hier nicht nur kindlicher Bewegungsdrang und jugendliche Renitenz ein wenig über die Stränge schlagen, sondern ein neuer Verhaltenstypus im Entstehen ist, fiel Medizinern und Psychologen schon in den 1970er Jahren auf, nicht zufällig zuerst in den USA, wo sich das Vorkommen des neuen befremdlichen Verhaltens besonders ballte. Es wurde zunächst auf *Minimal Cerebral Disorder* (MCD), eine «minimale Hirnstörung», zurückgeführt. Wie man auf diese Diagnose kam? Allein durch den Erfolg bestimmter Medikamente. Wenn man den Kindern Methylphenidat (Ritalin) und, hinter vorgehaltener Hand, gelegentlich auch Kokain verabreichte, wurden sie ruhiger, gefügiger, ausdauernder, konzentrierter. Und weil diese Substanzen «dopaminerg» sind, das heißt die Dopaminausschüttung erhöhen, kam nur ein Rückschluß in Frage: Besagte Kinder leiden an Dopaminmangel wie andere eben an Vitamin- oder Eisenmangel.

Dopamin ist eine Substanz, für die sich die Neurobiologie zunehmend interessiert. Im Volksmund heißt sie «Glückshormon», aber sie zeigt sich immer mehr als ein maßgeblicher Steuerer, An- und Aufreger im neuronalen Zusammenspiel. Dopamin ist ein biogenes (körpereigenes) Amin. Wenn die Fachleute richtig gerechnet haben, steckt es etwa in einer Million Nervenzellen, vornehmlich im Mittelhirn, also in relativ wenigen, gemessen an der Gesamtheit von ungefähr 100 Milliarden. Aber es hat offenbar eine große Reichweite, wenn es an dem Brückenkopf einer Nervenzelle, der sogenannten Synapse, freigesetzt wird. Es wirkt dort als Botenstoff (Transmitter), und nur dank solcher Boten gelangt Erregung von einer Nervenzelle zur andern – über den hauchdünnen synaptischen Spalt hinweg, der die Zellen trennt. Dopamin ist einer der wichtigsten Botenstoffe. Es vermittelt zwischen so vielen Nervenzellen so oft und so schnell, daß es an der Legung und Regulierung weitverzweigter Erregungsleitungen im Gehirn beteiligt ist, und es entfaltet dabei stimulierende Wirkung, gelegentlich bis zum Hochgefühl. Daß ausgerechnet von Unruhe getriebene, zur Aufmerksamkeit unfähige Kinder zu wenig stimuliert seien, war zwar nicht einsichtig; aber wenn Dopaminzufuhr von außen sie tatsächlich ruhiger und konzentrierter machte, nun, dann hatte ihr körpereigenes Dopamin anscheinend nicht ausgereicht, um störungsfrei seinen Botendienst leisten zu können. Daher «Hirnstörung», aber lediglich «minimale»; denn durch eine leichte Erhöhung des Dopaminspiegels schien die Störung ja behebbar.

Der Haken an dieser Diagnose war freilich: In den meisten Fällen fehlten alle Anzeichen einer Hirnschädigung. Das allein war zwar noch kein Beweis dafür, daß keine vorlag, aber Anlaß genug für die *American Psychiatric Association*, das Etikett MCD fallenzulassen und statt dessen «die Bezeichnung ‹Attention Deficit Hyperactivity Disorder› (ADHS) für diese Störung einzuführen und sie in den Katalog psychischer Erkrankungen [...] aufzunehmen». Das geschah 1978. Damals galt sie noch als Dopamin*mangel*erscheinung. Inzwischen stellte sich etwas anderes heraus, was der Neurobiologe Gerald Hüther[12] so erklärt: Dopamin hat zwar stimulierende Wirkung und löst, wenn dopaminerge Drogen wie Kokain genommen werden, «Allmachtsgefühle, Potenzsteigerungen und Größenfantasien» (224) aus. Ritalin jedoch enthält so wenig Dopamin, daß es bei regulärer Einnahme lediglich für eine

12 Die folgenden Absätze lehnen sich an seine Ausführungen an: Hüther 2006, Seitenzahlen im Text.

«leichte Erhöhung der extrasynaptischen Dopaminkonzentration» (224) sorgt. Es schlägt also zunächst eher im Kerngebiet der Nervenzellen an als an ihren synaptischen Rändern und übt damit eine gleichsam homöopathische Wirkung aus. Das Gehirn empfängt das Signal, mit Dopamin schon «genügend» versorgt zu sein, und verringert seine Bereitschaft, diesen Stoff am synaptischen Spalt, dort, wo er seine Botentätigkeit ausübt, freizusetzen. Ritalin behebt also nicht den Mangel an Dopamin; es bremst die Freisetzung dieser Substanz.

Das heißt allerdings nicht, daß seine Wirkung zu unterschätzen wäre – vor allem wenn es Kindern verabreicht wird. Deren Gehirn wächst ja noch; «mehr als 20 Prozent der endgültigen Zahl an Nervenzellen entstehen erst in den ersten neun Monaten nach der Geburt», und erst im sechsten Lebensjahr sind die verschiedenen Areale ihres Gehirns zu voller Funktionsfähigkeit zusammengewachsen. In dieser Zeit bilden sich zwischen den auseinander hervorgehenden Nervenzellen nicht nur reichlich «synaptische Verschaltungsmuster» (225), sondern diese Muster modifizieren, variieren sich, setzen sich in weiteren variierbaren Verschaltungen fort, je nachdem, was für Reize das kindliche Gehirn zu bewältigen hat. Und wenn es ausgewachsen ist, ist es noch längst nicht voll durchstrukturiert. Der Ausbau der nervlichen Infrastruktur setzt sich noch mindestens bis in die Zeit der Pubertät fort. Es ist eben nicht so, daß das Gehirn zunächst nach einem genetischen Programm feste Muster ausbildet und dann darin die Reizwelt sortiert und verarbeitet. «Ihr genetisches Programm versetzt die sich entwickelnden Nervenzellen lediglich in die Lage, sich zu teilen, [...] entlang bestimmter Signalstoffgradienten zu wandern und Fortsätze auszuwachsen, dendritische (postsynaptische) Angebote zu machen und axonale Präsynapsen auszubilden» (225), also die basalen Schaltstationen bereitzustellen, zwischen denen es zu konkreten Verschaltungen und zur Einrichtung weiterer Schaltstationen kommen kann. «Es handelt sich also um ein Programm von Optionen, das lediglich festlegt, was unter gewissen Bedingungen möglich ist» (225), während der konkrete Wachstums- und Ausbauprozeß jeweils den Optionen folgt, die sich im Zuge der Reizverarbeitung am meisten aufdrängen. Er vollzieht eine «fortwährende Anpassung synaptischer Verschaltungen an die sich zwangsläufig während der Hirnentwicklung verändernden Nutzungsbedingungen» (226).

Das ebenso Faszinierende wie Irritierende am Gehirn ist seine enorme Formbarkeit («Plastizität»), sein hohes Vermögen, sich auf neue Reize einzustellen, ja sich selber umzustrukturieren, um sie besser verarbeiten zu können. Pädagogen übersetzen «Plastizität» gern mit «Lernfähigkeit». Aber Formbarkeit heißt auch *Ver*formbarkeit: sich ständig derart auf neue Reize einstellen, daß komplexe Verschaltungsmuster gar nicht die Gelegenheit bekommen, sich zu stabilisieren und zur Grundlage weiterer stabiler Muster zu werden. Und das ist in geradezu exemplarischer Weise der Fall bei der von Benjamin so schön beschriebenen «Chockwirkung des Films» durch unablässigen «Wechsel der Schauplätze und Einstellungen», «welche stoßweise auf den Beschauer eindringen», so daß «der Assoziationsablauf dessen, der diese Bilder betrachtet, sofort durch ihre Veränderung unterbrochen» wird. Inzwischen ist die Neurobiologie so weit, daß sie diese Unterbrechungslogik auf ihre hirnphysiologische Tragweite testen kann. Sie weiß wenig bis nichts von Benjamin, aber dafür viel über «das neuroendokrine Stress-sensitive System» (226) und hat herausgefunden, daß Streß (schon bei Ratten) vorzüglich dann entsteht, wenn etwas Unentbehrliches fehlt oder etwas Neuartiges überraschend eintritt. Und sie kann Streß, wenn er hoch genug ist, messen. Er läßt sich an vermehrter Ausschüttung von biogenen Aminen ablesen. Dopamin zeigt ihn besonders zuverlässig an. «Aktiviert wird das dopaminerge System immer dann, wenn etwas Neuartiges wahrgenommen wird, neue assoziative Verknüpfungen hergestellt werden, wenn unerwartet auftretende Reize eine Aktivierung Stress-sensitiver neuronaler Netzwerke auslösen (Bedrohung) oder wenn diese Aktivierung durch eine erfolgreich eingesetzte Bewältigungsstrategie abgestellt werden kann (Belohnung […]).» (227)

Dopamin ist einerseits eine höchst «kreative» Substanz. Es stimuliert synaptische Verschaltungen, ja es trägt sogar dazu bei, daß sich bestimmte Nervenzellenfortsätze, die sogenannten Axone, so auswachsen, daß sie weiteren komplexeren Verschaltungen vielfältige Ansätze bieten. Andrerseits ist Dopamin gerade wegen seiner «Kreativität» ein ständiger Unterbrecher, um nicht zu sagen, Störenfried. Es stimuliert, wenn das Gehirn einem ständigen «Wechsel der Schauplätze und Einstellungen» ausgesetzt ist, auch zu ständiger Revision synaptischer Verschaltungen, an deren Zustandekommen es zuvor gerade mitgewirkt hat. Und der «Wechsel der Schauplätze und Einstellungen» ist schon lange nicht mehr nur einer der Kamera. Auch die Gehirne müssen sich ständig ruckartig neu einstellen, nicht nur vor dem Bildschirm. Was als «Chockwirkung des Films» begann, ist längst zu einem gesamtgesellschaftlichen Aufmerksamkeitsregime geworden. In dieses Regime wachsen Kinder heutzutage von Geburt an hinein. Unter ihm bauen sie ihr Gehirn auf, und je jünger es ist, desto plastischer, desto empfänglicher für die unzähligen kleinen Rucks und Schocks, mit denen sich der «Wechsel der Schauplätze und Einstellungen» beschleunigt.

Das Kürzel ADHS kam als Krankheitsbezeichnung auf. Selten freilich ist eine Krankheitsdefinition so nebulös gewesen. Aber gerade das war das Geheimnis ihres Erfolgs. Wann immer das Verhalten von Kindern «gestört» erschien und Eltern und Lehrer zur Verzweiflung brachte: Nun konnte man es einordnen – wie der erleichterte Vater, der dem Therapeuten sagte: «Ich bin froh, dass das Kind jetzt einen Namen hat. Ich weiß nicht, ob das der richtige Name ist, aber ich kann mich jetzt selbst besser unter Kontrolle bekommen. Wenn mein Kind sich wieder mal unmöglich benimmt, sage ich mir, es hat ADS, es ist krank, es kann ja nichts dafür, und dann schaffe ich es manchmal wieder, mich zu beruhigen.»[13] Zu wissen, das eigene Kind ist krank: das entlastet – gelegentlich von unerträglichem seelischen Druck, gelegentlich aber auch bloß von Verantwortung. Man muß sich nicht länger fragen, ob das Maß an Aufmerksamkeit und Fürsorge, das man seinem Kind angedeihen ließ, mit dessen Zustand irgend etwas zu tun hat; man überläßt es Fachleuten zur Behandlung. Und so hat das von den Krankenkassen anerkannte Etikett ADHS vielenorts elterlicher Bequemlichkeit in fahrlässiger Weise Vorschub geleistet. Wo ein paar klare und ebenso konsequent wie teilnahmsvoll durchgehaltene Regelsetzungen vollauf genügt hätten, das Verhalten des Sprößlings einzudämmen, wurden langwierige Psychotherapien anberaumt und Psychopharmaka verabreicht.

Andrerseits finden unter dem Label ADHS auch viel ernstere Phänomene Unterschlupf, die dort gar nicht hingehören. Daß Kinder mit organischen Hirnschäden, mit manifesten Psychosen, mit Vergewaltigungserfahrungen oder aus zerrüt-

13 Dammasch 2006, 189.

teten Familien an gravierenden Aufmerksamkeitsdefiziten laborieren: das war auch früher schon so. Aber in all diesen Fällen gibt es klar benennbare, geradezu handgreifliche Ursachen. Die Bezeichnung ADHS jedoch kam für Phänomene auf, die solche Ursachen vermissen ließen. Keine Hirndeformation, keine psychotischen Schübe, keine prügelnden Eltern, keine nennenswerten materiellen Entbehrungen, keine erkennbare posttraumatische Belastung, vielmehr weitgehend unauffällige Familien- und Sozialverhältnisse, und trotzdem ein Verhalten, *als ob* irgendeine dieser Ursachen oder ein bißchen von allen wirksam wäre. Deshalb das schöne Hilfsadjektiv «multifaktoriell», unter das sich noch etliche andere «Faktoren» rechnen lassen, die kindliche Unruhe und Aufmerksamkeitsdefizite begünstigen können: Umzüge, Schul- oder Klassenwechsel, zu wenig Schlaf, ungesunde Ernährung, mangelnde Bewegung, hormonelle Umstellungen in der Pubertät oder daß die Mutter während der Schwangerschaft geraucht hat. Von diesen Faktoren hat im letzten halben Jahrhundert allerdings nicht einer nennenswert zugenommen. Signifikant erhöht hat sich hingegen die Trennungsrate der Eltern, die Zahl der Alleinerziehenden, zumeist Mütter, sowie die Etablierung patchworkartiger Familienverhältnisse. Aber heftige Unruhe und Konzentrationsstörungen gehen auch dort um, wo die Eltern zusammenblieben und von familiären Verwerfungen nicht die Rede sein kann. In allen sozialen Schichten wird darüber geklagt, wenn auch nicht in allen in gleichem Maße.

Gewiß findet sich bei jedem Kind, das gravierend an Unruhe und Aufmerksamkeitsdefiziten leidet, irgend etwas von den genannten Faktoren, und irgendeine Unausgeglichenheit im Verhältnis zu Mutter und Vater wird noch jeder Psychoanalytiker entdecken, der sein Handwerk gelernt hat. Aber stößt man so zum Kern der Sache vor? Man blende doch probehalber einmal ans Ende des Zweiten Weltkriegs zurück.[14] Da gab es in Europa reichlich Kinder, die Bombenangriffe, Flucht, ständiges Hin und Her zwischen desolaten Wohnungen und Luftschutzkellern erlebt hatten und allein von ihren Müttern erzogen wurden. Dennoch kam niemand darauf, sie unter dem Kürzel ADHS zusammenzufassen. Weil die Forschung damals noch keinen Blick für dieses Phänomen hatte? Nein, sagt eine Fraktion von Fachleuten: Weil es das Phänomen gar nicht gab. Einige fügen allerdings hinzu: Auch heute ist es inexistent. ADHS ist lediglich ein diffuses Sammellabel für nichts Konsistentes: eine Irreführung. «Kinder mit der Diagnose ADS oder HKS [Hyperkinetische Störung] zeigen bei Messungen im Labor kein einheitliches Bild. Ihre Schwierigkeiten lassen sich daher auch nicht als einheitliches Störungsbild im Sinne eines Syndroms auffassen. Das hyperkinetische Verhalten ist ein Symptom, das aus unterschiedlichsten Gründen verschiedenen Krankheitsbildern zugeordnet werden kann. Dieser Befund legt es dringend nahe, die hyperkinetische Störung und die Aufmerksamkeitsdefizit-Störung als selbständige nosologische Einhei-

14 Hopf 2011, 337.

ten aufzugeben und sie umgehend aus den diagnostischen Handbüchern zu streichen.»[15]

Hier gilt es genau hinzuschauen. Was soll gestrichen werden: das Phänomen oder nur seine Klassifizierung als Krankheit? Das macht einen entscheidenden Unterschied. *Abusus non tollit usum* (der Mißbrauch diskreditiert nicht den Gebrauch) sagt ein lateinisches Sprichwort. Bezogen aufs Thema: Die mißbräuchliche Ausweitung des Etiketts ADHS nach zwei Seiten, einerseits auf Bagatellfälle, andrerseits auf Krankheitsfälle, für die andere Diagnosen zuständig sind, besagt noch längst nicht, daß es rein gar nichts gibt, worauf dieses Etikett paßt. Und daß unter den europäischen Nachkriegskindern um 1950 ein gehäuftes *und zunehmendes* Vorkommen gravierender Aufmerksamkeits- und Hyperaktivitätsstörungen nicht beobachtet wurde? Nun, dafür sollte man es zunächst mit der nächstliegenden Erklärung versuchen: daß es eine solche Häufung und Zunahme damals einfach nicht gab. Anders gesagt: Offenbar haben all die aufmerksamkeitsstörenden und Unruhe stiftenden «Faktoren», denen Kinder damals – zum Teil viel heftiger als heute – ausgesetzt waren, nicht ausgereicht, um das anzuzünden, was ich den ADHS-*Herd* nennen möchte. Vor dessen spezifischer Symptomatik stand die Forschung erst in den 1970er Jahren: einem Verhaltenstypus, der alle traditionellen Grenzen kindlichen Bewegungsdrangs und jugendlicher Renitenz signifikant überschritt und gleichwohl keine klaren pathologischen Ursachen aufwies. War der Herd aber einmal angezündet, dann konnte vieles, was ihm nahelag, unversehens zu seinem Zunder werden. Anderes wiederum erschien plötzlich in seinem Licht und sah

15 Perner 2007, 80.

nun so aus, als gehörte es ihm selbst an, obwohl es nur seinen Hof ausmachte. Hof und Zunder sind nicht der Herd, aber sobald er brennt, sind sie sein Zubehör, nicht mehr unabhängige «Faktoren».

Über das bloße Addieren von Faktoren wird nie verständlich werden, was ADHS ist, genausowenig wie eine Gestalt durch das Aufzählen ihrer Elemente. Sie ist eben mehr als die Summe ihrer Teile: eine Konstellation. Und ADHS ist ein konstellatives, um nicht zu sagen, plastisches Phänomen. Es besteht aus angebbaren Elementen, zieht aber auch andere in sich hinein, verarbeitet sie, strukturiert sie um. Dieses Phänomen war in den 1970er Jahren neu.[16] Es besteht keinerlei An-

16 Und der Zappelphilipp? Nun, der ist eine Figur, die nach den Maßregeln des deutschen Obrigkeitsstaates Mitte des 19. Jahrhunderts entworfen wurde, wo Kindern, namentlich Jungen, das Zappeln so früh wie möglich zugunsten militärisch durchorganisierter Verhaltensweisen abzugewöhnen war. Philipps Zappeln ist Ungehorsam gegen diese Ordnung, die sich in der Mahnung des Vaters zum Stillesitzen verkörpert, und die Moral von der Geschicht': Motorische Unbotmäßigkeit bestraft sich selbst. Möglicherweise steckt im Zappelphilipp eine ganze Portion Autobiographie seines Autors Heinrich Hoffmann, der knapp einjährig seine Mutter verlor, deren Schwester der Vater drei Jahre später heiratete. Die trostlose Verlassenheit des Kindes am Eßtisch zwischen den Eltern könnte darauf hindeuten. (Gerspach 2006, 105) Jedenfalls weiß es sich nicht anders als durch selbstdestruktives Zappeln zu wehren. Nach heutigen Kriterien ist es hyperaktiv. Aber ob nur punktuell, in Gegenwart des Vaters, oder weil es grundsätzlich nicht anders kann, wird nicht gesagt. Zappeln läßt sich aber erst in bezug zum Gesamtverhalten eines Kindes und seines sozialen Umfeldes vernünftig beurteilen. Es hat selber eine Geschichte. In den permissiven Milieus heutiger westlicher Gesellschaften gilt man-

laß, es «aus den diagnostischen Handbüchern zu streichen». Die Forschung hat es sich nicht ausgedacht. Sie hat es vielmehr nicht ausgehalten: das Mißverhältnis von Wirkung und Ursachen nicht ertragen. Daher die vorschnelle Einordnung als Krankheit, und *die* ist es, die getrost «aus den diagnostischen Handbüchern» verschwinden darf, samt der Diagnose Dopaminmangel, die zwar nicht mehr umstandslos vertreten wird, aber in der Theorie vom mangelhaften Dopamintransport modifiziert fortlebt. Von ADHS als krankhafter Hirnstörung ist nach wie vor eine Mehrheitsfraktion von Neuro(bio)logen, Psychiatern und Verhaltenstherapeuten überzeugt. Man müsse sich die Störung wie einen «Wackelkontakt» oder «Schaltfehler» vorstellen, die Betroffenen wie Autos, «deren Schaltung zu reparieren» oder «denen Öl zuzusetzen» sei, ihr Gehirn wie eine «unzureichende Suchmaschine».[17]

Kulturstörung

Nun läßt sich zwar nicht leugnen, daß es im Gehirn eines konzentrationsunfähigen Kindes anders zugeht als im Gehirn eines konzentrationsfähigen. Auch ist es nicht falsch, hier von Störung zu sprechen. Aber einerseits ADHS als neue Krankheit behaupten, andrerseits lediglich Wackelkon-

ches als normaler kindlicher Bewegungsdrang, was im militarisierten Preußen sogleich das Etikett «Verhaltensstörung» bekommen hätte. Zappeln ist nicht gleich Zappeln.

17 Zur Kritik dieser technizistischen Terminologie und Reparaturmentalität siehe Brandl 2007. Daraus die Zitate, S. 109.

takte, genetische oder funktionelle Schaltfehler für sie an-
führen, also nichts, was das Neue und Gehäufte dieser an-
geblichen Krankheit irgend plausibel machen könnte, ist
dürftig. Und wer sich eine Störung im Gehirn lediglich in
mechanisch-maschineller Terminologie zu vergegenwärtigen
vermag, sich darunter nur Gendefekte, Verletzungen, Ver-
schleißerscheinungen und Schaltfehler vorzustellen weiß, hat
selbst einen Ausfall, ignoriert nämlich, was das Gehirn von
jeder Maschine, die es ausheckt, qualitativ unterscheidet:
seine ungeheure Plastizität. Gerade wer die Rolle von Dopamin hoch veranschlagt, muß es als vorzüglichen Plasti-
zitätsstifter im Blick haben – und damit seine doppelte Wirkung: ebenso die aufbauende wie die unterbrechende. Das
Gehirn selbst unterscheidet zwischen diesen beiden Wirkungen freilich nicht. Wenn eine Dopaminausschüttung den
Aufbau und die Festigung einer bestimmten synaptischen
Verschaltung unterbricht, dann setzt sie sogleich eine andere in Gang. Sie lenkt jene elektrischen Impulse, die als Erregung erlebt werden, lediglich auf andere Bahnen um, worin
sie sich besser verlaufen sollen. Die Unterbrechung ist Umleitung und die Umleitung eine hochsensible, «kreative»
Reaktion, nämlich die umgehende Neueinstellung ganzer
Nervenzellengeflechte auf neue Reize. Genau das macht die
Plastizität des Gehirns aus und hat mit Störung zunächst
gar nichts zu tun, eher mit einer physiologischen Form von
«Intelligenz», auf deren Niveau sich die Testpsychologie
übrigens immer noch bewegt, wenn sie Intelligenz als Anpassungsfähigkeit definiert.

Anpassung aber hat ihre eigene Dialektik, und zwar nicht
erst, wenn es um soziale Gruppenzwänge geht, sondern
schon bei der zerebralen Reizverarbeitung. Die funktioniert
ja nicht maschinenartig; ihre Gewohnheiten haben sich viel-

mehr im jahrtausendelangen Wechselspiel eines extrem pla-
stischen Organs mit seiner Umwelt herausgebildet. Und
wenn diese Umwelt den Charakter einer qualitativ neuen
Reizkultur annimmt und das Gehirn in einem nie gekann-
ten Maße zur ständigen Neueinstellung seiner synaptischen Verschaltungen stimuliert, so kommt es womöglich
vor lauter Umbaumaßnahmen nicht mehr so zum Aufbau
und zur Festigung bestimmter seiner Nervennetze, wie
ihm das seine genetische Ausstattung und deren Ausge-
staltungsmöglichkeiten eigentlich erlauben. Es ist also gerade die Optimierung der Anpassung an die neue Reizkultur, also eine Höchstleistung plastischer Intelligenz, die hier
zu Ausfällen führt und dafür sorgt, daß bestimmte Resultate, die im Laufe einer langen Kulturgeschichte das An-
sehen einer menschlichen Grundkapazität gewonnen haben, nicht mehr erreicht werden. Physiologisch gesehen
funktioniert die Reizverarbeitung dabei vollkommen störungsfrei. Gestört werden lediglich ihre traditionellen Arbeitsbedingungen: das Mindestmaß an Ruhe und Konti-
nuität, das unerläßlich ist, um «diejenigen synaptischen
Aktivierungsmuster aufzubauen und dadurch auch strukturell zu festigen, die später als innere Repräsentanzen zur
Organisation und Planung von Verhaltensreaktionen be-
nutzt werden».[18]

Erst im Lichte neuerer Hirnphysiologie wird deutlich, wie
sehr die Verlaufsform des Films der Arbeitsweise des Gehirns
entspricht. Im ständigen «Wechsel der Schauplätze und Einstellungen» und der permanenten Unterbrechung des Asso-
ziationsablaufs stellt sich die zerebrale Plastizität geradezu

18 Hüther 2006, 229.

bildlich dar. Allerdings auf unplastische Weise: in maschinell fixierter Gestalt. Dauernd kommt es zu einer Neueinstellung, aber immer nur in Form einer Unterbrechung, bei der vorab feststeht, daß sie in Kürze ihrerseits unterbrochen werden wird. Neueinstellung als Wiederholung, Bekräftigung, Befestigung, Vertiefung hingegen kommt nicht vor. Aber erst beide Neueinstellungen zusammen und das ständige Wechselspiel zwischen ihnen machen die lebendige Plastizität des Gehirns aus. Die Verlaufsform des Films bildet sie nur einseitig-erstarrt ab, und das filmische Aufmerksamkeitsregime, das sich längst auf dem Weg zur gesamtgesellschaftlichen Wahrnehmungslenkung befindet, trainiert seinerseits das Gehirn vornehmlich nach den ruckartigen Standards seiner Unterbrechungslogik. Die winzigen Dopaminausschüttungen, die es mit jedem dieser Rucks auslöst, machen das Gehirn durchaus nicht «kaputt», erhöhen in gewissem Grad sogar seine Reaktions- und Anpassungsfähigkeit, begehen keine Schaltfehler, wenn sie viele der von ihnen aufgebauten neuronalen Muster und Netze andauernd revidieren statt stabilisieren, sondern betreiben lediglich Reizverarbeitung unter den Bedingungen signifikant erhöhter Reizzufuhr. Dem Gehirn ist es egal, wenn dabei «innere Repräsentanzen», die «zur Organisation und Planung von Verhaltensreaktionen» dienen, einen bestimmten Grad von Festigkeit nicht mehr erreichen. Wer hingegen darunter leidet, ist die Synthese des Gesamtorganismus: das erlebende Ich. Es verspürt Unruhe und empfindet seine Schwierigkeit, bei etwas zu verharren, sich etwas zu merken und klare Sätze zu bilden, als tiefes Ungenügen gegenüber den Erwartungen seiner Umwelt.

Erst gemessen an diesen Erwartungen stellt sich ADHS als Hirnstörung dar. Die Gehirnarbeit einer wachsenden Zahl von Kindern und Jugendlichen entspricht bestimmten traditionellen Kulturstandards nicht mehr. Anderen hingegen, die in Gestalt eines neuen Aufmerksamkeitsregimes erst auf dem Vormarsch sind, entspricht sie durchaus, ja sie verhält sich geradezu wie deren Vorhut. Die Störung, um die es hier geht, befindet sich damit an jenem historischen Nervenpunkt, wo zwei konträre Wiederholungskulturen aufeinandertreffen. In deren Konflikt ist sie verwickelt. Hirnstörung ist sie einzig als Kulturstörung. Als solche aber hat sie kaum Chancen, in einem neurophysiologischen Labor nachgewiesen zu werden. Denn ihr Mangel ist vorerst kaum mehr als eine bestimmte Art von Wiederholungsmangel und, daraus resultierend, ein Mangel an Stabilität basaler synaptischer Verschaltungszusammenhänge. Verschaltet wird nach wie vor unablässig. Auch die Zusammenhänge bleiben im großen und ganzen, wie sie sind, nur daß sie sich etwas – lockern. An den Festigkeitsgrad neuronaler Vernetzungen aber kommen Bildgebungs- oder Meßverfahren schwerlich heran. Und so geht die Störung, die wirklich im Hirn und doch bloß eine kulturelle ist, um wie ein Gespenst. Sie ist im genauen psychoanalytischen Sinne unheimlich, aber gerade diese Unheimlichkeit, das Mißverhältnis von manifesten Wirkungen und der Abwesenheit greifbarer Einzelursachen, gehört zum ADHS-Herd.

Neue Medikamente zu dessen Beruhigung stehen nicht in Sicht, und wer Kindern Methylphenidat verabreicht, um ihre Dopaminausschüttung am synaptischen Spalt zu dämpfen, dämpft damit auch das «kreative» Potential von Dopamin, das für den zerebralen Wachstums- und Strukturierungsprozeß unerläßlich ist. Die Aufbauarbeit des Gehirns findet unter retardierenden Bedingungen statt, und die Gefahr, daß das Kind dadurch regelrecht behindert wird, weil es jene elementare Neugier und Wachheit, die ihm die Welt erschließen, nicht altersgemäß entwickeln kann, ist vor allem bei Vorschulkindern beträchtlich, deren Gehirn noch wächst. Aber auch bei Schulkindern ist sie nicht einfach gebannt. Nur läßt sie sich nicht messen. Wie soll man brachgelegte zerebrale Entwicklungspotentiale nachweisen? Der Vergleich mit andern Kindern hilft hier wenig; jedes hat sein eigenes Potential.

Nachweisbar ist hingegen, daß das Medikament beruhigt, gelegentlich auch die Konzentration fördert, solange es eingenommen wird. Doch hält diese Wirkung auch an, wenn es nach längerer Einnahme wieder abgesetzt wird? Die wenigen Langzeitstudien hierzu vermelden keine signifikante Besserung. Die untersuchten ADHS-Kinder hatten «weiterhin Probleme mit der Impulsivität, der Unruhe und dem Sozialverhalten» und erwiesen sich «im Vergleich mit Gleichaltrigen weiterhin als unruhiger, unaufmerksamer, impulsiver, aufsässiger, rebellischer, schwerer führbar, unveränderlicher und mit deutlich schlechteren Schulleistungen».[19] Man sollte über Eltern, die ihren Kindern Methylphenidat geben lassen, zwar nicht pauschal den Stab brechen, vor allem nicht aus bequemer Beobachterposition; manche von ihnen wissen wirklich nicht mehr ein noch aus. Aber daß sie riskieren, die zerebrale Selbstentfaltung ihres Kindes zu beeinträchtigen, ohne daß ein nachhaltiger Beruhigungs- und Konzentrationseffekt als Entschädigung dafür winkt, das sollten sie wissen. Ärzte, die sie darüber nicht schonungslos aufklären und statt dessen allzu bereitwillig den Rezeptblock zücken, sind ihre falschen Freunde.

Nun gibt es bei ADHS allerdings dennoch ein hochwirksames Mittel der Ruhigstellung, und es muß nicht einmal eingenommen werden. «Wenn man Kinder, die keine Sekunde still-

19 Perner 2007, 78.

sitzen können und ihre Augen nach rechts und links bewegen, suchend und ausweichend, vor einen Computer setzt, wird ihr Blick klar und fixierend, ihre Aktivitäten sind zielgerichtet und geduldig», schreibt der Kindertherapeut Wolfgang Bergmann. «Jedenfalls ist es mehr als auffällig, wie gut sich die hyperaktiven Kinder und Jugendlichen, die in der realen Welt wie verloren wirken, in den Computern zurechtfinden und sich in den Spielen und Online-Kontakten mit einer Sicherheit bewegen, über die sie in der so genannten ‹ersten Realität›, im Alltag ihres Lebens, nicht verfügen.» Und warum wird ihnen diese Maschine im Nu vertraut? Es «reichen wenige Handbewegungen aus, um ein gewünschtes Objekt in den Bereich der Verfügbarkeit zu holen oder einen Kommunikationspartner für den Austausch dieser oder jener Phantasie, dieser oder jener Kontakte aufzurufen – alles steht wie auf Abruf bereit». Jedoch: «Alles ist auf die jeweils eigene *Jetzt-Befriedigung* gerichtet. Sobald sie sich eingestellt hat, erlischt die Repräsentanz des eben noch ersehnten Objekts, der Aktion oder des Kontakts zu Anderen; mit einer Handbewegung, einem Klick auf der Tastatur, werden sie entfernt», «als hätte es sie nie gegeben».[20]

Geteilte Aufmerksamkeit

Die Fixiertheit auf Bildmaschinen und die schnelle Vertrautheit mit ihnen sticht bei ADHS-Kindern derart hervor, daß es sich hier schwerlich nur um einen beiläufigen «Faktor» handeln kann. Bildmaschinen sind Aufmerksamkeitsfänger *par*

20 Bergmann 2007, 54.

excellence, und wenn Kinder ihr ganzes Säuglingsleben bereits von einer Fernsehkulisse umgeben verbringen, haben sie alle Chancen, früh und prägend zu erleben, wie die Aufmerksamkeit ihrer nächsten Bezugspersonen sich zwischen ihnen und dieser Kulisse *teilt*. Was aber heißt Teilen? Bei physischen Gütern ist das recht einfach. Wer einem anderen die Hälfte seines Eigentums abtritt, verfügt selbst nur noch über die andere Hälfte. Hier gilt in durchaus mathematischem Sinne: «Geteiltes Geld ist halbes Geld» oder «Geteiltes Brot ist halbes Brot». Wenn hingegen das Sprichwort «geteiltes Leid» «halbes Leid» nennt, dann geht es um eine andere Art der Teilung, die mathematisch kaum zu erfassen ist, nämlich sprachliche oder zumindest gestische *Mit*teilung. Den eigenen Schmerz oder Kummer anderen mitzuteilen, erleichtert, vor allem wenn sie gleichsam zu Resonanzkörpern dieser Mitteilung werden, sei es, daß sie teilnehmende Worte oder Gesten finden, sei es, daß der Kummer auch ihrer ist, etwa bei gemeinsamer Trauer über einen Verlust, wo Mitteilung und Anteilnahme wechselseitig sind. Man «trägt» gemeinsam das Leid. Dadurch wird es leichter, auch wenn es nie ganz aufhört zu drücken und seelischer oder traumatischer Druck nie exakt meßbar ist. Und wie sich geteiltes Leid verringert, so potenziert sich geteilte Freude. Deshalb feiert man freudige Ereignisse so gern gemeinsam mit andern.

Was aber ist geteilte Aufmerksamkeit? Das ist weit schwieriger zu beantworten. Schmerz empfinden kann jeder für sich allein. Menschliche Aufmerksamkeit hingegen ist nur möglich geworden durch Teilung. Ihr Anfang ist vom Menschheitsanfang untrennbar, weshalb uns eine nochmalige Rückbesinnung auf die Menschwerdung nicht erspart bleibt. Deren treibende Kraft, so zeigte sich oben, ist der traumatische Wiederholungszwang: Noch einmal tun, was einem angetan wurde, als eine äußere Naturgewalt, ein Unwetter, Erdbeben, wildes Tier über das Hominidenkollektiv herfiel; noch einmal so über einzelne Glieder des Stammes herfallen, nur eben nun auf eigene Faust, zu eigenen Konditionen. Die Wiederholung nimmt das Wiederholte gewissermaßen in Eigenregie, sucht es abzufedern, erträglicher zu machen, aber sie bleibt unerträglich. Zu symbiotisch haftet die Wiederholung am Wiederholten. Es bedurfte eines Dritten, um sie allmählich davon abzulösen: eines höheren Adressaten, an den die Wiederholung gerichtet ist. Wie Hominiden es fertigbrachten, ihre innere Pein in die Imagination einer äußeren Macht zu übersetzen, die davon erretten soll, das wird sich wahrscheinlich nie ganz aufhellen lassen und stets ein Gegenstand des Staunens bleiben. Aber genau jenes *Über*setzen ins Imaginäre ist auch ein erstes Dämmern menschlicher Aufmerksamkeit gewesen. Menschenspezifisch ist Aufmerksamkeit geworden, wo sie länger zu dauern begann als der jeweilige Reiz, der das Nervensystem gerade affizierte. Und genau das nahm seinen Anfang, als Hominidenkollektive die zwanghafte Wiederholung erlebten Grauens mit der Imagination einer höheren Instanz zu überwölben begannen. Die Aufmerksamkeit, die dieser Instanz gilt, ist nicht nur Reaktion auf einen Reiz. Sie ist Interesse an etwas Bleibendem: etwas Heiligem. Das Heilige ist zunächst nichts als geheiligter Schrecken: einer, der als Schutzmacht erscheint; vor dem nicht geflohen, sondern bei dem Zuflucht gesucht wird. «Vor dem mir graut, zu dem michs drängt»: so lautet Rudolf Ottos Formel für das Heilige.[21] Ihm war nicht bewußt, daß er damit zugleich eine optimale Definition des traumatischen Wiederholungszwangs lieferte. Er

21 Otto 1963 [1917], 42.

nahm von Freud genausowenig Notiz wie Freud von ihm, obwohl beide unter dem Eindruck des Ersten Weltkriegs von entgegengesetzten Ausgangspunkten her an sehr ähnlichen Problemen arbeiteten.

Und noch eine sehr gelungene Wendung verdanken wir dem Religionspsychologen Otto. Er nannte die altarabischen Wüstengötter einmal beiläufig «wandelnde Demonstrativpronomina».[22] Das ist eine aufmerksamkeitsarchäologische Schlüsselformulierung. Der ausgestreckte Zeigefinger auf etwas hin ist ein Urbild der Aufmerksamkeit. Das Demonstrativpronomen («Da», «Jetzt») ist nur ein Wort für diese Geste, anfangs nicht einmal das, lediglich ein Erregungslaut, eine Interjektion. Und Da und Jetzt sind noch nicht klar auseinandergetreten. Das Demonstrative ist ein jetzt Daseiendes, das alles andere neben sich verblassen läßt. Es hat kategorischen Befehlscharakter («Aufgemerkt», «Hierhergesehen»), ist etwas schlechterdings Präsentisches oder, theologisch gesprochen, eine Epiphanie. *Wandelnde* Demonstrativpronomina hingegen überdauern das Präsens. Sie sind dauerhafter Niederschlag erlebten Grauens in einem Kollektiv. Sie begleiten es latent und haben eine feste, wiederholbare Lautgestalt. Wenn der kollektive Zwang zur Wiederholung des Erlebten übermächtig wird, werden sie wieder vergegenwärtigt: zu erneuter Epiphanie.

Solche Dauer und Regelmäßigkeit stellt sich nicht von selbst ein. Gedächtnis ist dazu erforderlich: die Fähigkeit, Vergangenes zu repräsentieren. Das lateinische *repraesentare* heißt ja nichts anderes als «wieder gegenwärtig machen». Und warum wird vergangenes Grauen repräsentiert? Weil es in bestimmter

22 Otto 1963 [1917], 149.

Hinsicht eben *nicht* vergangen ist. Es quält unbewältigt weiter. Deshalb seine Repräsentation. Sie holt es wieder. Aber nicht eins zu eins. An die Stelle des ursprünglichen, schreckhaft von außen überfallenden Grauens tritt ein selbst veranstaltetes, in Eigenregie genommenes, zelebriertes. Es ist nur noch ein Bild des ursprünglichen. Alle Erinnerung ist Bild von Unwiederbringlichem. Und Opferrituale *sind* Bilder, sogar sehr bewegte und bewegende Bilder: Aufführungen vergangenen Grauens. Sie geben eine Vorstellung davon – wie später Schauspieltruppen vom rächenden Orest oder vom Tyrannen Ödipus. Die originäre Vorstellung ist die performative, theatralische. Die mentale Vorstellung ist bereits ein schematischer – und zunächst gewiß schemenhafter – innerer Niederschlag davon: Erinnerung zweiten Grades. In jedem Fall aber heißt erinnern nachträglich bearbeiten. Und nachbearbeitet wurde zunächst vergangenes Grauen, damit es aufhöre. Das Vergangene sollte endgültig vergehen: nicht mehr wiederholt, nicht mehr erinnert werden müssen.

Erinnerung entstand beim Versuch, zu vergessen. Er schlug gründlich fehl, aber kein Fehlschlag ist erfolgreicher geworden als dieser. Ihm verdankt der Homo sapiens sein spezifisches Gedächtnis. Erlebtes Grauen durch Wieder-Holen ohne Rest wegzuarbeiten, mißlang. Aber dabei gelang etwas anderes: die nachträgliche Bearbeitung und Umarbeitung des Erlebten in innere Vorstellungen oder Repräsentanten, die es allmählich so zu dämpfen, zu mildern, zu verwandeln vermochten, daß es erträglich, um nicht zu sagen, vertraut wurde, in mancher Hinsicht interessant, attraktiv, belebend oder sogar beglückend. Das Wieder-Holen versetzt das Erlebte gleichsam in einen andern Aggregatzustand, in innere Bilder und Schemata, die allem weiteren Erleben eine Fassung geben und das sogenannte Mentale ausmachen: die spezifisch menschliche Realitätsverarbeitungsanlage. Diese Anlage versteht sich wie nichts zuvor auf die Kunst des Nachträglichen. Sie arbeitet an Reizen weiter, deren Anfangsimpuls längst erloschen ist, und vollbringt dabei kulturstiftende Umwendungsleistungen. Aus dem schrecklichen «Jetzt da», das als Naturgewalt über ein Hominidenkollektiv hereinbrach und es fuchtelnd, schreiend, stammelnd auseinanderstieben ließ, macht sie allmählich ein dauerhaftes Da, das sich wie ein Feldzeichen über dem Kollektiv aufspannt – als höhere Macht, in deren Schutz es sich sammelt. Aus Interjektionen macht sie nach und nach «wandelnde Demonstrativpronomina» – Fixpunkte kollektiver Aufmerksamkeit.

Aufmerksamkeit über den Augenblick hinaus auf etwas zu fixieren: das lernt heute jedes Kind. Aber kinderleicht ist es erst im Laufe vieler Jahrtausende geworden. Am Menschheitsanfang hat es zum Schwersten gehört. Es war etwas, was es noch nirgends in der Natur gab. Nur kollektiv konnte es in Gang kommen: indem die zwanghafte, ritualisierte Wiederholung erlebten Grauens sich auf etwas Höheres hin ausrichtete: einen gemeinsamen Adressaten. Dessen Imagination war gleichbedeutend mit der Eröffnung des mentalen Raums sowie mit der Konstitution menschlicher Aufmerksamkeit. Und nur indem alle Mitglieder des Kollektivs einander in dieser Imagination immer wieder bestärkten, indem sie gemeinsam auf das von ihnen unterschiedene und imaginierte Dritte verwiesen, es sich wechselseitig «zeigten» (die suggestive Geste des ausgestreckten Zeigefingers ist dabei nicht zu unterschätzen), konnte sich seine Imagination allmählich festigen. Die ersten Fixpunkte menschlicher Aufmerksamkeit sind fixe Ideen: Opferadressaten. Sie sind das schlechterdings Intendierte: das Heilige, das Sinn stiftet, indem es Zuflucht und Rettung gewährt.

Das Heilige ist imaginär und dennoch keine bloße Erfindung. Der Schrecken ist bittere Naturrealität; erst seine Heiligung, seine Umwendung in eine Zuflucht war die Imaginationsleistung, mit der die mentale Arbeit begann. Menschenspezifische Aufmerksamkeit konstituierte sich dadurch, daß sie sich auf etwas zu heften lernte, was dadurch überhaupt erst zum Heiligen wurde. War sie aber erst einmal als menschliches Artverhalten etabliert, stabilisiert, ja zu einer Anlage geworden, in die jedes Kind des Homo sapiens hineinzuwachsen begann, so konnte sie sich vom Geheiligten ablösen und auf alles Mögliche richten: die vielen profanen Zusammenhänge, die sich vom Geheiligten emanzipiert und ihr Eigenleben begonnen hatten. Und doch ist sie in den langen Jahrtausenden dieses Ablöseprozesses das Muttermal ihres Entstehens nicht losgeworden. Nach wie vor muß sie sich *auf etwas* heften. Dieses Etwas ist ähnlich strukturiert wie ein Sehfeld: mit einem scharf fokussierten Zentrum und unscharfen Rändern. Der Gegenstand meiner Aufmerksamkeit ist meine Festlegung, aber er besteht aus etwas, was mich affiziert, und das ist in den seltensten Fällen ein vereinzeltes Ding oder Element. Anweisungen wie «Konzentriere dich genau auf den schwarzen Punkt rechts oben» stammen aus dem Repertoire des modernen Experiments und sind späte artifizielle Isolationen von Aufmerksamkeit, die niemand lange durchhält. Gewöhnlich geht es um Einzeldinge in ihrer Umgebung. Aufmerksamkeit stellt sich vornehmlich auf Konstellationen, Gestalten, Verlaufsformen ein. Ihre Gegenstände sind Bedeutungseinheiten. *Sie* konstruiert diese Einheiten, aber aus Elementen, die *ihr* etwas bedeuten.

Aufmerksamkeit kostet Kraft. Sie kann sich nicht stundenlang ohne jede Pause auf eine Sache heften; sie muß sich, wie eine Muskelanspannung, immer wieder lockern, um sich erneut zusammenzunehmen zu können. Solange sie sich aber auf etwas hin zusammennimmt – etwas intendiert –, kann sie sich nicht zugleich auf beliebig viele andere Dinge heften. Einiges aus der Umgebung ihres Gegenstandes bekommt sie zwar gleichsam mitgeliefert, wie auch der auf einen bestimmten Punkt fokussierte Blick wohl oder übel einen unscharfen Eindruck von den Rändern des Sehfeldes mitbekommt. Und solches Mit-Wahrnehmen kann man nicht unerheblich trainieren, ja die High-Tech-Kultur trainiert uns in dieser Hinsicht täglich, ohne um Erlaubnis zu fragen. Ein aufmerksamkeitsintensives Gespräch zu führen, während man ein Auto steuert, Hintergrundmusik hört oder gemeinsam ißt, gehört zu den alltäglichen Selbstverständlichkeiten. Warum aus diesen Unvermeidlichkeiten nicht eine regelrechte Kulturtechnik machen? Das Zauberwort dafür heißt Multitasking: Je mehr Dinge man gleichzeitig erledigen kann, desto vielseitiger wird man und desto mehr Zeit spart man. Man kann doch Vokabeln lernen *und* joggen, einen Aufsatz schreiben *und* essen, an einer Sitzung teilnehmen *und* E-Mails checken.

Nun ist nicht zu leugnen, daß manche dieser Kombinationen tatsächlich gut funktionieren – wenn die eine Tätigkeit so automatisiert ist oder so weit in den Hintergrund rückt, daß der anderen volle Aufmerksamkeit geschenkt werden kann. Abwaschen und Nachrichten hören, das geht. Da kann man sich ganz auf die Nachrichten konzentrieren, das Abwaschen läuft wie von selbst nebenher. Schwerlich wird man allerdings hinterher genau sagen können, in welcher Reihenfolge Teller, Tassen und Besteck durchs Waschbecken gingen. Musik hören und ein Bild malen geht auch. Gelegentlich fühlen sich bildende Künstler sogar durch hochkomplexe Musik inspiriert. Aber daß sie die Sonatenhauptsatzform, die Zwölftonreihe oder die enharmonischen Verwechslungen darin bemerken, solange sie intensiv malen, ist höchst zweifelhaft. Gleichzeitig Nachrichten hören und einen Text schreiben geht hingegen gar nicht; erst recht nicht abwaschen und Yoga machen. Zwei konfligierende Spracherkennungsleistungen sind ebensowenig gleichzeitig zu erbringen wie zwei konfligierende motorische oder optische. Sich zugleich ganz auf den Punkt rechts oben und links unten konzentrieren, das gelingt auch bei noch so langem Training nicht. Darauf trainieren, daß sich mehrere Gegenstände der Mit-Wahrnehmung allmählich in mehrere Gegenstände gleichzeitiger Hauptwahrnehmung verwandeln, ist ungefähr so, wie seinem Haustier durch immer weniger Futter das Fressen abgewöhnen zu wollen. Der Anfangserfolg ist unbestreitbar. Es *geht* mit weniger Futter; es geht mit mehreren Gegenständen im Aufmerksamkeitsfeld. Aber es geht nicht lange so weiter. Die multiple Aufmerksamkeit, die sich gleichzeitig mit voller Kraft auf ganz verschiedene Gegenstände richtet, ist ein Unding – und nicht zu verwechseln mit der «gleichschwebenden Aufmerksamkeit», die Freud den Psychoanalytikern anempfahl. Die hat nämlich nur einen Gegenstand, den Patienten, und ist darauf gerichtet, auch scheinbare Nebensächlichkeiten wie dessen Erzähltempo, Pausen, Atmung, Kleidung, Begrüßungs- und Abschiedsworte möglichst nicht außer Acht zu lassen. Aber sie ist das Gegenteil von Multitasking. Multitasking wäre, wenn der Psychoanalytiker während der Sitzung E-Mails checkt oder Unterlagen für die Steuererklärung sortiert und dem Patienten gelegentlich zuraunt: «Erzählen Sie ruhig weiter; ich bin ganz Ohr.» Man darf gespannt sein, wann Psychoanalytiker so weit sind, daß sie das bloße Zuhören nicht mehr aushalten und anfangen, gewisse kleine Nebentätigkeiten während der Sitzung, zunächst selbstverständlich nur ganz unscheinbare, salonfähig zu machen.

Teilung der Aufmerksamkeit, so stellt sich heraus, kann zweierlei heißen: zum einen Teilung der Aufmerksamkeit mit anderen, mit denen zusammen man die eigene auf einen gemeinsamen Gegenstand richtet; zum andern *Ver*teilung der eigenen Aufmerksamkeit auf verschiedene gleichermaßen beanspruchende Gegenstände. Die erste Teilung ist konstitutiv für die Entstehung von menschenspezifischer Aufmerksamkeit gewesen. Nur Kollektive vermochten ihr Dauer zu verleihen. Einzelne allein hätten nicht die Kraft dazu gehabt. Die zweite Teilung bringt die Aufmerksamkeit in eine Existenzkrise, verlangt von ihr nämlich etwas Unmögliches: einer Vielzahl von gleichzeitig auf das menschliche Sensorium eindringenden aufmerksamkeitsheischenden Reizen gleichermaßen gerecht zu werden. Multitasking ist das Deckwort für die Illusion, eine derart multiple Aufmerksamkeit lasse sich antrainieren. Was tatsächlich ein Stück weit trainierbar ist, ist ein schnelleres Umstellen der Aufmerksamkeit auf einen anderen Gegenstand. Der Versuch hingegen, sie zu vervielfältigen, läuft ebenso gewiß auf ihre Erosion hinaus wie die Überdehnung einer Sehne auf ihre Zerrung.

Die aktuelle Existenzkrise der menschlichen Aufmerksamkeit hat die Frage nach ihrer altsteinzeitlichen Entstehung überhaupt erst dringlich gemacht. Aber das eine ist, wie Aufmerksamkeit damals menschenspezifisch wurde, ein anderes, wie dieser menschheitsgeschichtliche Vorgang sich individualgeschichtlich wiederholt. Hier ist der Anthropologe Michael Tomasello in den letzten Jahren zu bahnbrechenden Resultaten gelangt: durch akribischen Vergleich von menschlichen Kleinkindern mit Primaten.[23] Schimpansen können einiges, was lange Zeit als exklusiv menschliche Fähigkeit galt; zum Beispiel Werkzeuge gebrauchen. Sie nehmen sich herumliegende Stöcke und «angeln» sich damit Früchte oder Kleintiere, an die sie mit bloßen Händen nicht heranreichen. Das geschieht in unterschiedlichen Lebensräumen auf durchaus unterschiedliche Weise; «in manchen Populationen Ostafrikas» stöbern sie «nach Termiten, indem sie Termitenhügel mit kleinen dünnen Stöcken sondieren»; «andere Populationen in Westafrika zerstören jedoch einfach die Termitenhügel mit großen Stöcken und versuchen, die Insekten mit den Händen aufzulesen» (43). Das hat mit verschiedener Beschaffenheit des Erdbodens zu tun. Wo er weich ist, wurde gelernt, mit Stöckchen zu stochern; wo er hart ist, mit dicken Stöcken kräftig zuzustoßen. Solches Lernen nennt man «umweltbedingte Formung» (43). Damit aber nicht genug. Tomasello fand etwa heraus, «daß Schimpansen sehr gut die dynamischen Eigenschaften der Gegenstände erlernen können, die sie da-

23 Tomasello 2002 [1999]. Seitenzahlen im Text.

durch entdecken, daß sie beobachten, wie andere diese Gegenstände manipulieren. [...] Wenn z. B. eine Mutter einen Holzblock wegrollt und die Insekten darunter frißt, wird ihr Kind sehr wahrscheinlich dasselbe tun. Das geschieht einfach deshalb, weil das Kind von der Mutter gelernt hat, daß sich Insekten unter dem Holzblock befinden [...]. Aber es lernte von seiner Mutter nicht, wie man einen Holzblock wegrollt, um Insekten zu fressen» (44).

Das ist ein entscheidender Unterschied. Das Schimpansenkind macht nach, was seine Mutter tat, aber die Mutter tat das nicht, *um* es dem Kind beizubringen; sie wollte einfach nur die Insekten haben. Das Kind lernte, wie man das macht, aber sie lehrte es nicht. Die Handlung eines andern nachmachen ist eines; eine Intention darin erkennen ist jedoch etwas qualitativ anderes. Nicht, daß Schimpansen keine Intentionen hätten. Sie sind sogar in der Lage, einige davon auf Umwegen zu verfolgen. Sie lernen zum Beispiel, sich eher an Personen zu halten, die sie mit Futter hantieren sahen, als an Personen, die das nicht taten. Ein Versuch brachte sogar heraus, daß sie «es vorzogen, eine Person um Futter zu bitten, die gesehen hatte, wie dieses Futter versteckt wurde, im Gegensatz zu jemandem, der das nicht gesehen hatte» (33 f.). In einem andern Versuch lernten sie schließlich, «Menschen zu einem Behälter ohne Futter zu führen, so daß sie selbst den Behälter mit dem Futter bekommen konnten» (34). Schimpansen können also weit mehr als der Pawlowsche Hund, der zur Fütterung so lange einen Klingelton zu hören bekam, bis der Ton auch ohne Futter erhöhten Speichelfluß bei ihm auslöste. Sie verbinden Futter nicht nur mit Gleichzeitigem und Allernächstem, sondern auch mit Vergangenem und Entferntem. Sie assoziieren sozusagen um die Ecke, erkennen nicht nur direkte Verweise aufs Futter, sondern auch Verweise auf diese Verweise, sind fähig, eine ganze Verweiskette zu bilden, die sie zum Futter leiten soll, und vermögen auch andere Lebewesen als Mittel zu diesem Zweck wahrzunehmen. Aber eben nur zu *diesem* Zweck, ihrem eigenen. Was die Umwelt strukturiert und differenziert, ist ausschließlich die eigene Intention. Was Schimpansen hingegen nicht gelingt, ist, *andere* Lebewesen als zwecksetzende, intendierende wahrzunehmen.

Das aber vermögen menschliche Kleinkinder. Nicht von Anfang an. Sie kommen nicht klüger auf die Welt als Schimpansen, in bestimmter Hinsicht sogar dümmer, nämlich viel hilfloser und ungeschickter, motorisch weitgehend unfähig, das nachzumachen, was ihre Artgenossen um sie herum tun. Dafür haben sie eine starke Neigung, den Erwachsenen, die für sie sorgen, ins Gesicht zu schauen, und zeigen hohe Empfänglichkeit für deren jeweilige Stimmung. Für sich genommen besagt das noch nicht viel. Dann aber kommt eine Zäsur. Tomasello nennt sie die «Neunmonatsrevolution». «Sechs Monate alte Säuglinge interagieren dyadisch mit Gegenständen, indem sie nach ihnen greifen und sie manipulieren, und sie interagieren dyadisch mit anderen Menschen […]. Wenn sie Gegenstände in Gegenwart von anderen manipulieren, ignorieren sie meistens die Anwesenden. Wenn sie in Gegenwart von Gegenständen mit anderen interagieren, ignorieren sie meistens die Gegenstände. Zwischen ungefähr neun und zwölf Monaten beginnt jedoch eine Reihe neuer Verhaltensweisen aufzutauchen, die […] in dem Sinne triadisch sind, daß sie eine Koordination ihrer Interaktionen mit Gegenständen und Menschen beinhalten» (84). Säuglinge fangen nun an, «auf anpassungsfähige und zuverlässige Weise dorthin zu blicken, wohin die Erwachsenen blicken (Verfolgen des Blicks), mit ihnen während relativ langer Zeitspannen in bezug auf einen Gegenstand sozial zu interagieren (gemeinsame Beschäftigung), Erwachsene als soziale Bezugspunkte anzusehen (soziale Referenzbildung) und mit Gegenständen in derselben Weise wie die Erwachsenen umzugehen (Imitationslernen)» (85). Sich von Erwachsenen auf Dinge hinweisen lassen («Da, schau mal») und dieses Verhalten selbst übernehmen, nämlich auf Gegenstände zeigen oder sie hochhalten, damit die anderen sie bemerken: das ist ein triadisches Verhalten, welches bei Affen nicht vorkommt. Ein Kind aber, das triadisch agiert, macht deutlich, daß es «nicht nur an einem bestimmten Ergebnis interessiert ist, sondern wirklich die Aufmerksamkeit mit einem Erwachsenen teilen möchte» (85). Und so ergibt sich, «daß der bloße Akt des Deutens auf einen Gegenstand gegenüber jemand anderem zum alleinigen Zweck der Aufmerksamkeitslenkung ein spezifisch menschliches Kommunikationsverhalten ist» (86).[24]

Fällt uns da nicht etwas auf? In der Tat: Als aus Hominiden Menschen wurden, als sie nicht länger mehr bloß kollektiv und reflexartig wiederholten, was ihnen traumatisch einbrechende Naturgewalt zuvor angetan hatte, sondern dieser Wiederholung eine Auslegung, ein Wozu, einen heiligen Adressaten gaben, da vollzogen sie, wie oben gezeigt, den Übergang von dyadischem zu triadischem Verhalten.[25] Mit diesem Übergang öffnete sich der mentale Raum als der imaginäre Raum

24 Im Neunmonatsalter, wo sich dieses Verhalten herausbildet, stellt sich noch etwas Menschenspezifisches ein: der Pinzettengriff. Kinder greifen nicht mehr nur «palmar», das heißt mit allen Fingern zugleich auf die Handfläche. Sie lernen, Gegenstände zwischen Daumen und Zeigefinger zu nehmen. Die haptische Feineinstellung der Aufmerksamkeit beginnt; cf. Balzer 2011, 15.
25 Siehe oben, S. 18.

des Heiligen. Sich von den Stammesgenossen auf dies Heilige hinweisen lassen, sie auf es hinweisen, es sich wechselseitig «zeigen» und es gemeinsam so «sehen» lernen, als hätte es die Sichtbarkeit von Bergen, Büschen, Tieren oder Flüssen: das erwies sich als die mentale Elementararbeit, der Durchbruch zur Imagination, die von Halluzination zunächst nicht unterschieden war. Halluzination ist, wie Freud am Traum gezeigt hat, «primitive Denktätigkeit».[26] Und das gemeinsame Festhalten des Halluzinierten, seine Stabilisierung zu «wandelnden Demonstrativpronomina»: das war die Konstitution menschenspezifischer Aufmerksamkeit.

Von alledem findet sich bei Tomasello – nichts. Traumatischer Wiederholungszwang, Ritual, Heiligung, Opfer, Kult sind Fremdworte in seiner Forschung. Was Hominiden einst leisten mußten, welcher Gewalt sie ausgesetzt waren, welche Gewalt sie sich antun mußten, damit sich jenes triadische Sozialverhalten herausbilden *und halten* konnte, das spezifisch für den Homo sapiens geworden ist und in das Kleinkinder heute hineinwachsen, als wäre es immer schon da gewesen: das kommt in einem evolutionstheoretischen Entwurf, der immerhin *The Cultural Origins of Human Cognition* heißt, praktisch nicht vor. Man erfährt lediglich, daß es «eine neue Art der Identifikation mit Artgenossen und ein Verständnis dieser Artgenossen als intentionale Wesen» (257) war, die bestimmte Hominiden vor etwa zweihunderttausend Jahren zur «Herstellung einer Vielzahl neuer Steinwerkzeuge» sowie zur «Verwendung von Symbolen zur Kommunikation und zur Strukturierung ihres Soziallebens» befähigte und ihnen damit «neue Arten gesellschaftlicher Praktiken und Organisationen

26 Freud 1972 [1900], 539.

[...] von der zeremoniellen Bestattung der Toten bis zur Domestizierung von Pflanzen und Tieren» (13 f.) ermöglichte. Aber wie es zu dieser neuen Identifikation kam und wie sie sich vollzog? Dazu gibt es nicht einmal eine Hypothese. Und was zu ihr trieb? Da sieht Tomasello nur eines: die «Vorteile» (257) des neuen Artverhaltens, vor allem den «Wagenhebereffekt» (54): daß alle Lernerrungenschaften sich von nun an auf eine neue, kommunikative Art festhalten ließen, alle weiteren Lernerfolge darauf fußen konnten und die Evolution als Lernprozeß sich dadurch exponentiell beschleunigte.

Das Vorteilhafte dieser Entwicklung stellte sich freilich erst viel später heraus, nachdem Homo sapiens sein Artverhalten global durchgesetzt hatte, während Hominiden gewiß nicht Menschen wurden, *weil* sie auf die Vorteile dieser neuen Lebensweise spekulierten oder gar *um* neues Tempo in die Evolution zu bringen. Doch so stellt sich Tomasello die Evolution vor: wie eine Hausfrau in Zeitnot, die sich etwas einfallen lassen mußte, um noch alles rechtzeitig bis zum Eintreffen der Gäste herzurichten. «Es stand einfach nicht genügend Zeit für normale biologische Evolutionsprozesse, wie genetische Variation und natürliche Selektion, zur Verfügung, um Schritt für Schritt jede der kognitiven Fähigkeiten zu erzeugen, die es modernen Menschen ermöglichen, komplexe Werkzeuggebräuche und Technologien, komplexe Formen der Kommunikation und Repräsentation durch Symbole und komplexe gesellschaftliche Organisationen und Institutionen zu erfinden und aufrechtzuerhalten.» (14) Und so verfiel die Evolution auf den «Wagenhebereffekt» und löste damit ihr Zeitproblem.

Unerachtet ihrer evolutionstheoretischen Kindlichkeiten geben Tomasellos Untersuchungen einer alten These verblüffend neue Leuchtkraft: daß die individuelle Menschwerdung (Ontogenese) die kollektive Menschwerdung (Phylogenese) noch einmal im Zeitraffer durchläuft. Was phylogenetisch Tausende von Jahren dauerte, vollzieht sich ontogenetisch in wenigen Monaten und unter ungleich komfortableren Bedingungen. Kleinkinder wachsen heute in eine Hochkultur mit geregelten Tagesabläufen und durchstrukturierter Sprache hinein, umgeben von Personen, die sie vom ersten Tag an anblicken, ansprechen und ihre Aufmerksamkeit auf alle möglichen Dinge lenken, die sie noch gar nicht erfassen können. Sobald aber ihr Gehirn zur vollen Zahl seiner Nervenzellen gelangt, also nach neun Monaten, da fangen sie auch schon an, den Blick und die Gesten der Erwachsenen zu verfolgen und, von ihren Worten unterstützt, die Aufmerksamkeit über den Augenblick hinaus auf bestimmte Dinge zu heften, und wenige Monate später beginnen sie ihrerseits auf Dinge zu zeigen oder sie hochzuhalten, damit sich die Aufmerksamkeit der anderen darauf richtet. Die «Neunmonatsrevolution» beginnt. Ihr phylogenetischer Vorläufer ist eine unvorstellbar langwierige «Jahrtausendrevolution» gewesen – ohne daß an ihrem Anfang Wissende gestanden hätten, die ihren Nachwuchs in etwas einführten, was ihnen bereits deutlich war; ohne daß bereits eine Sprache da gewesen wäre, die Deutliches benennbar, Undeutliches klarer und beides zum Gegenstand gemeinsamer Aufmerksamkeit hätte machen können. Vielmehr hat anfangs ein wechselseitiges Sich-auf-etwas-aufmerksam-Machen stattfinden müssen, aus dem gemeinschaftliche Imaginationen und geregelte Laute zu ihrer Abstützung überhaupt erst hervorgingen. Ungeheure Ausdauer war dazu erforderlich. Wäre da kein furchtbarer Zwang zur Wiederholung gewesen, es wäre schwerlich bis zur Fixierung «wandelnder Demonstrativpronomina» gekommen.

Wenn aber deren Fixierung als die Menschwerdung im engeren Sinne gelten darf, dann ist die «Neunmonatsrevolution» ihr ontogenetischer Nachvollzug im kleinen und ihre Bedeutung kaum zu überschätzen. Erst wo Aufmerksamkeit geteilt und gemeinsam auf eine Sache gerichtet wird, nimmt der Säugling artspezifisches menschliches Verhalten an. Das Potential dafür bringt er schon mit. Es hatte mehr als hunderttausend Jahre Zeit, sich in der menschlichen Realitätsverarbeitungsanlage niederzuschlagen, bis es ihr unveräußerlich angehörte. Es ist naturalisierte Geschichte, die heutzutage jedes gesunde Kind nach etwa neun Monaten zu reaktualisieren beginnt. Dazu hat es kein Heiliges mehr nötig. Es ist ja von Erwachsenen umgeben, die es durch Worte und Gesten auf ganz Profanes aufmerksam machen: ein Spielzeug, ein Tier, einen Lichtstrahl. Und doch ist dies erste Aufmerksamwerden auf etwas, das staunende Verweilen dabei ein Moment der Hingabe, ja der Andacht, zu der es schwerlich hätte kommen können, wenn sie nicht einst am Heiligen eingeübt worden wäre. Nicole Malebranche hat das erahnt, als er die Aufmerksamkeit «ein natürliches Gebet»[27] nannte. Beten heißt gemeinsam seine Gedanken und Worte an eine höhere Macht richten und so Schutz bei ihr suchen. Beten muß man schon in Gemeinschaft gelernt

---

27 «*L'attention de l'esprit est donc une prière naturelle, par laquelle nous obtenons que la Raison nous éclaire.*» (Malebranche 1995 [1707], 105).

haben, ehe man es separat für sich im stillen Kämmerlein tut. Nicht anders bei der Aufmerksamkeit. Man kann sie nur in Gemeinschaft lernen. Mehr noch: Erst durch Aufmerksamkeit lernt man menschenspezifische Gemeinschaft. Zwar sucht der Säugling vom ersten Tag an Gemeinschaft, wenn er die Wärme und die Brust der Mutter sucht. Aber diese Art von Gemeinschaft suchen alle Säugetiere. Spezifisch menschlich wird Gemeinschaft jedoch erst, wenn ein Drittes sie stiftet. Menschliche, nicht bloß physisch-emotionale Nähe zwischen Eltern und Kind erfordert, daß sie sich gemeinsam auf etwas richten, was sie gemeinsam fesselt. Deshalb ist das gemeinsame Anschauen von Bilderbüchern, das geduldige wiederholte Benennen von Gegenständen, das Vorsprechen oder Vorlesen von Texten für Kleinkinder so unschätzbar wichtig. Es handelt sich dabei um nichts Geringeres als Initiationsriten, die die Kinder in einer spezifischeren Weise in die menschliche Gemeinschaft aufnehmen als die Geburt.

Man beginnt zu erahnen, welch eine Schlüsselphase die «Neunmonatsrevolution» darstellt – und welch ein Eingriff es ist, wenn sie umgeben von Bildmaschinen stattfindet. Statt daß lebendige Personen ihre Aufmerksamkeit für etwas teilen, teilt sich dann nämlich die Aufmerksamkeit zwischen lebendigen Personen und Bildmaschinen. Das Kind erlebt den Bildschirm zwar noch nicht als den Aufmerksamkeitsfänger, der er für die Großen ist; es kann mit seinem Geflimmer und den Geräuschen dazu nicht viel anfangen. Aber es erlebt, wie der Bildschirm die Aufmerksamkeit seiner Bezugspersonen absorbiert, wie die elterliche Zuwendung unter den Aufmerksamkeitsansprüchen, die diese Kulisse permanent erhebt, flach und unwirklich wird. Die Mutter (oder ihr Vertreter) mag viel beim Kind sein, es ansprechen und auf alles Mögliche hinweisen, aber wenn daneben etwas flimmert und dudelt, was das gemeinsame Aufmerken auf Dinge und das Verweilen bei ihnen ständig durchkreuzt, weil der Blick der Mutter zwischen Kind und Bildschirm hin- und herwandert, ihre Worte von der Geräuschkulisse überlagert werden, dann werden die ersten zarten Fäden der qualitativ neuen Gemeinschaft, die das Kind spinnt, ständig wieder gekappt. Der Bildschirm tritt in doppelter Hinsicht zwischen Mutter und Kind. Zum einen unterbricht sein Flimmern fortwährend ihr gemeinsames Aufmerken und Verweilen; zum andern drängt er sich selbst als ihr gemeinsames Drittes auf. Sitzen sie aber gemeinsam vor laufendem Fernseher, dann tun sie es im wesentlichen sprachlos. Das Kind, weil es noch nicht reden kann; die Mutter, weil sie der schnellen Bildfolge mit Worten ohnehin nicht hinterherkäme. Sie verfolgt Bilder und Tonspur, aber sie zeigt dem Kind daran nichts. Und wenn es dorthin blickt, wo sie hinschaut, so ist dort nichts, was es festhalten könnte, sondern nur ein audiovisueller Unruheherd, den es nicht fassen kann, ein unablässig flackernder Sinnesreiz, der sich zur Bedeutungseinheit eines Dings nicht festigt. Dies Unding ist der Gegenstand der mütterlichen Aufmerksamkeit, aber das Kind bleibt davon ausgeschlossen. Der Unruheherd entzieht sich ihm und entzieht ihm dabei zugleich die Aufmerksamkeit der Mutter.

Das Problem dabei ist nicht «das Fernsehen», sondern seine Dosierung. In geringen Dosen ist es völlig unschädlich. Von einer bestimmten Höhe an übernimmt es hingegen das Aufmerksamkeitsregime. Dessen Wirkung aber ist nirgends prekärer als an der Klippe der «Neunmonatsrevolution», wo sich die Aufmerksamkeitsgemeinschaft, die nur der Homo sapiens kennt, in der zartesten, empfindlichsten, instabilsten Phase ihres Entstehens befindet. Nur von triadisch befestigten Gegenständen lassen sich nachhaltige innere Bilder abziehen und von diesen später wiederum Vorstellungen und Begriffe. Nur um triadisch Befestigtes kreist zunächst die kindliche Wortbildung. Triangulierung ist keineswegs nur, was die Psychoanalyse darunter versteht: ein ödipales Geschehen, das der Vater auslöst, wenn er in die Symbiose von Mutter und Kind als das Dritte eintritt, auf das beide sich beziehen. Umgekehrt: Die ödipale Konstellation ist ein Sonderfall der Triangulierung. Als Hominiden sich auf ein gemeinsames Drittes zu beziehen begannen, war es gewiß nicht jener Urvater, den Freud sich vorstellte,[28] sondern die imaginäre Verdichtung einer weit stärkeren Naturgewalt, vor der Väter (deren Rolle im Fortpflanzungsprozeß ja noch gar nicht durchsichtig war) ebenso zitterten wie Mütter und Kinder. Mit der Triangulierung öffnet sich zwar auch der Raum einer spezifisch menschlichen Geschlechterspannung, aber nur, indem sich zugleich weit mehr öffnet: der mentale Raum. Konflikt- und gewaltfrei ist dessen Öffnung nie verlaufen, aber ebensowenig immer im Zeichen des Vaters. Und so ist auch ADHS kein genuines Vaterproblem. Die familiäre Schieflage mit alleinerziehenden Müttern und abwesenden Vätern kommt erschwerend hinzu und beeinträchtigt die Selbstfindung von Jungen stärker als die von Mädchen.[29] Das ist der Grund dafür, daß gut dreimal mehr Jungen als Mädchen ADHS-auffällig sind, aber es ist nicht der Grund für ADHS.

ADHS-spezifisch ist etwas weit Umfassenderes: die Öffnung des mentalen Raums im Kraftfeld des neuen Aufmerksamkeitsregimes. Die «Neunmonatsrevolution», der kindliche

28 Zum Freudschen Kulturentstehungsmärchen siehe Türcke 2008, 160 ff.
29 Dammasch 2011; Hopf 2011.

Eintritt in die spezifisch menschliche Aufmerksamkeitsgemeinschaft, gerät immer mehr unter ein audiovisuelles Störfeuer, das mit zahllosen kleinen Schubsen und Rucks das Kind immer wieder zurückstößt. Der einzelne Schub ist unerheblich; er wird mühelos verkraftet. Das Problem ist die Menge, der sich ständig wiederholende *introitus interruptus*, der das Kind immer wieder aus der sich anbahnenden Gemeinschaft hinauswirft und ihm, wenn es dann doch darin ankommt, das Gefühl hinterläßt, dort nicht wirklich willkommen zu sein. An diesen *introitus interruptus* ist mit empirischer Forschung schwer heranzukommen. Er tut ja nicht physisch weh. Das Kind schreit nicht. Die Eltern mißhandeln es nicht, ja sie behandeln es vielleicht nicht einmal lieblos. Und eben das macht ja den ADHS-Herd aus: daß seine Umgebung so verdammt normal erscheint. Vielfach sind weder manifeste Verletzungen feststellbar noch unterlassene Fürsorge oder überlange Abwesenheitsphasen der Eltern. Und doch müssen die Kinder irgendeine Art vitalen Entzugs erlebt haben, für den das Adjektiv «traumatisch» nicht zu hoch gegriffen ist; sonst gäbe es nicht die motorische Dauerunruhe, die unablässige Suche nach etwas, was die Gestalt eines verlorenen Objekts noch gar nicht angenommen hat. Aber man sieht Zwei- oder Dreijährigen eben nicht an, wie sie die Neunmonatsrevolution überstanden haben. Wenn sie dort einen gravierenden *introitus interruptus* erlebten, zeigt sich das erst Jahre später daran, wie sie auf Bildmaschinen fliegen.

Bildmaschinen üben zwar auf alle Kinder Sogwirkung aus, aber nicht alle sind gleich anfällig dafür. Besonders wehrlos dagegen sind Kinder, die, längst ehe sie verstehen konnten, was sich auf Bildschirmen abspielt, die Kraft ihres Flimmerns als elementaren Aufmerksamkeitsentzug zu spüren bekommen haben. Dieser Entzug verlangt nach Wiederholung, um bewältigt zu werden. Er sucht sein Verlangen dort zu stillen, wo es entstand. Und so suchen diese Kinder gerade bei den Maschinen Ruhe, die sie auf diffuse Weise, noch präobjektal, gewissermaßen spukhaft, und dennoch prägend als Stifter ihrer Unruhe erlebt haben. Das ist die Logik des traumatischen Wiederholungszwang: «Vor dem mir graut, zu dem michs drängt.» Nach dieser Logik hat die werdende Menschheit einst den Naturschrecken durch Ritualisierung und überhöhende Halluzinierung zu bewältigen gesucht. Bei den «kleinen Hypies» feiert dies Verhaltensmuster seine hochtechnologische Wiederauferstehung. «Was mir die Zuwendung raubt, dem wende ich mich zu. Was mich haltlos macht, daran suche ich Halt.»

Konzentrierte Zerstreuung

Es ist durchaus plausibel, ADHS als «Denkstörung» zu bezeichnen.[30] Denken bindet. All seine differenzierenden Leistungen erbringt es nur auf der Basis einer synthetischen, um nicht zu sagen, alchemistischen Elementarleistung: Reize und Impulse so ineinanderzuschieben, daß sie sich zu inneren beharrlichen Gestalten verbinden, statt bloß Unruhe stiftend durchs Nervensystem zu vagabundieren. Das glückt natürlich nicht auf Anhieb. Es bedarf zahlloser wiederholender Anläufe. Aber der Beginn innerer Gestaltbildung ist nichts anderes als die Eröffnung des Imaginationsraums. Erst die Aufmerksamkeitsgemeinschaft cröffnet diesen Raum. Daher kommt auch erst mit der «Neunmonatsrevolution» so recht in Gang, was Freud «Primärvorgang» genannt hat: jenes Ineinanderdrängen

---

30 Günter 2009, 388.

von Erlebtem zu ebenso bizarren wie entlastenden inneren Bildern, bei welchem er vor allem drei Mechanismen am Werk sah: Verdichtung, Verschiebung, Umkehrung. Analysiert hat er den Primärvorgang am Traum, aber man achte nicht gering, daß er den Traum «primitive Denktätigkeit» nannte.[31] Hier regen sich die elementaren Halluzinationskräfte, die phylogenetisch gesehen die Keimform allen Denkens darstellen. Und das sind immer auch Aufmerksamkeitskräfte. Nur etwas, was man festhalten, wobei man verweilen kann, läßt sich auch dauerhaft imaginieren. Die Beschädigung elementarer Aufmerksamkeitsbildung beschädigt daher auch die Traumbildung. Und so überrascht es wenig, daß bei ADHS-Kindern eine signifikante Abnahme von konturierten, erzählbaren Traumsequenzen beobachtet wird. Solche Kinder heilen zu wollen, sagte mir eine engagierte Kinderanalytikerin, wage sie fast schon nicht mehr. «Aber ich möchte sie, wenn irgend möglich, aus der Therapie erst entlassen, wenn sie mir wenigstens einmal einen zusammenhängenden Traum erzählt haben.»

Es liegt auf der Hand, daß jenes diffuse Phänomen, für das «ADHS» mehr eine Verlegenheitsbezeichnung als eine trennscharfe pathologische Diagnose ist, ohne umfassende kulturtheoretische Perspektive gar nicht angemessen begriffen werden kann. ADHS ist ja nicht einfach eine Krankheit in gesunder Umgebung. Umgekehrt: Nur wo schon eine Aufmerksamkeitsdefizitkultur besteht, gibt es ADHS. Ihr Wahrzeichen ist

---

31 Säuglinge, die vom ersten Tag an rege projizieren, introjizieren und Realitätsverleugnung betreiben, sind das Phantasieprodukt von Psychoanalytikern, die vergessen haben, daß der Primärvorgang eine mentale Leistung ist. (Klein 2000 [1946], 8 ff.) Sie muß erworben werden.

«konzentrierte Zerstreuung»:[32] durch Milliarden winziger audiovisueller Schocks die menschliche Aufmerksamkeit auf etwas zu konzentrieren, was sie gerade zermürbt. Das ist das Aufmerksamkeitsdefizitgesetz, dessen Dynamik sich anschickt, unsere gesamte Kultur zu durchdringen. Gegen seine Wirkung kann man sich wehren; sie läßt sich verringern, aber – auf absehbare Zeit – nicht abstellen. Denn die konzentrierte Zerstreuung ist ein sich selbst verstärkender Mechanismus. Nur wer mehr Aufsehen erregt als andere, hat in der Flut aufmerksamkeitsheischender Impulse, mit der die Hochtechnologie uns umgibt, eine Chance, wahrgenommen zu werden. Und so darf man gewiß sein, daß das, was gegenwärtig unter ADHS firmiert – etwa jedes sechste Kind ist hierzulande nach vorsichtigen Schätzungen davon betroffen –, nur eine Ouvertüre ist: ein Anfang, eine Einstimmung, Ankündigung, Vorwegnahme zentraler Themen, ohne daß schon genau ersichtlich würde, was kommt – ganz wie in der Musik.

Was hier im Gang ist, fordert zu wiederholungstheoretischen Grundsatzüberlegungen heraus. Als Wiederholungstäter hat der Homo sapiens es vermocht, ein singuläres Reizverarbeitungssystem auszubilden. In unzähligen Wiederholungsschüben, die den größten Teil seiner Frühzeit beanspruchten, hat er nie gekannte Verdichtungs-, Verschiebungs- und Umkehrungskräfte mobilisiert, um sich den traumatischen Schrecken einzubilden, dessen diffuses Bild durch viele weitere Bilder zu dämpfen, zu begrenzen, zu konturieren, zu synthetisieren und so schließlich zur inneren Vorstellungswelt zu entfalten.[33] Und dann kam das Wunderwerk einer technischen

32 Türcke 2002, 271.
33 Ausführlich hierzu Türcke 2008, 60 ff.

Einbildungskraft und leistete dies alles auf verblüffend einfache Weise im Handstreich: durch das Auffangen von Licht auf chemisch präparierten Flächen.

Damit ist aber eine neue Art von Wiederholungszwang über die Menschheit gekommen. Eine technisch perfektionierte audiovisuelle Maschinerie läuft rund um die Uhr, wiederholt unablässig die Ausstrahlung ihrer aufmerksamkeitsheischenden Impulse, aber sie wiederholt nicht mehr jene Art von Bewegungsabläufen, die sich zu Ritualen und Gewohnheiten sedimentieren. Im Gegenteil: Sie desedimentiert sie. Die traumatische Erregung, die einst zur Bildung und Wiederholung von Ritualen trieb, der Wunsch, diese Erregung loszuwerden und Ruhe zu finden – dies alles ist dem technischen Wiederholungszwang fremd. Er läuft einfach bloß mechanisch ab; ohne Schmerz, ohne Müdigkeit, ohne Wunsch, ohne Ziel. Und die ungeheure Kraft seiner Bedürfnislosigkeit und Selbstgenügsamkeit setzt nichts Geringeres in Gang als die Umkehrung der menschlichen Wiederholungslogik. Bis zur Neuzeit lief sie auf Deeskalierung, Sedimentierung, Beruhigung hinaus. Nun wendet sich die technische Einbildungskraft gegen die menschliche und geht deren Weg rückwärts.

Repsychotisierung

Die technische Einbildungskraft besticht dadurch, daß ihre Bilder echt, sinnlich, vorzeigbar sind, Direktabdrücke der äußeren Realität, die sich ebenso direkt auch wieder nach außen kehren lassen. Damit beschämt sie die menschliche Einbildungskraft, die an der Blässe und Nicht-Vorzeigbarkeit ihrer Bilder krankt. Sie tut aber noch mehr: Sie nimmt eine der größten Errungenschaften der menschlichen Einbildungskraft zurück: die Differenz von Halluzination und Vorstellung. Halluzinationen sind, nach der klassischen Definition Egon Bleulers, «als Wahrnehmungen verkannte Vorstellungen»,[34] sozusagen rückfällig gewordene. Denn stabile, sich wechselseitig stützende und haltende Vorstellungen «wissen», daß sie von der Wahrnehmung abgelöste innere Bilder sind. Phylogenetisch gesehen ist diese Ablösung allerdings ein langwieriger, Jahrtausende dauernder Prozeß gewesen, in dessen Anfangsphase die Vorstellungsbilder gewissermaßen noch an den Wahrnehmungsbildern klebten und sich vielfältig damit verwechselten. Vorstellungen haben allesamt als Halluzinationen begonnen und erst lernen müssen, sich davon zu unterscheiden. Sie sind über sich hinausgewachsene Halluzinationen: innere Bilder von hoher Flüchtigkeit. Sie haben zwar immer noch einen halluzinatorischen Untergrund, von dessen Bildausstrahlungen sie zehren, aber normalerweise macht der sich erst bemerkbar, wenn das Wachbewußtsein zurücktritt, also im Schlaf. Wir träumen dann: haben Vorstellungen, die wir als Wahrnehmungen verkennen.[35]

Halluzinationen im Schlaf hat jeder. Etwas anderes ist es, wenn sie sich ins Wachbewußtsein einmischen und mit dessen Standards konkurrieren. Dann tritt jene mentale Spaltung ein, die man «psychotisch» nennt. Psychosen erinnern daran, woraus die Vorstellungen hervorgegangen sind. Ihr Hervorgang aus der Halluzination ist ein erster «Ausgang aus der Unmündigkeit» gewesen, ein für den inneren Ausbau des mentalen Raums und seine Selbständigkeit gegenüber der Außenwelt

34 Bleuler 1975, 36.
35 Cf. Türcke 2008, 73 ff.

kaum zu überschätzender Emanzipationsprozeß. Aber damit sind die mentalen Bilder auch blaß und flüchtig wie nie zuvor geworden. Auch daran erinnern Psychosen, wenn sie mit sinnlicher Gewalt ins Wachbewußtsein eindringen und dessen abstrakte gedankliche Fäden einfach zerreißen.

Um so verrückter, daß ausgerechnet ein Spitzenprodukt moderner Erfindungskraft zu einem überraschenden Bündnispartner der Psychosen geworden ist: die Bildmaschine. Nur Menschen mit hochentwickeltem Vorstellungs- und Abstraktionsvermögen haben eine technische Einbildungskraft aushecken können. Und was tut die, kaum daß sie da ist? Sie kehrt sich gegen ihre Erzeuger. Durch eine Flut satter, praller, zudringlicher Bilder führt sie den Vorstellungen ihre eigene Blässe vor und stellt ihnen ständig die Frage: Wer seid ihr schon, ihr Bläßlinge? Wollt ihr euch nicht ergeben?

Filmbilder, gleichgültig, ob dokumentarisch oder fiktional, dringen mit halluzinatorischer Intensität auf den Betrachter ein. Er sieht sie, ob er will oder nicht, durch das mechanische Auge einer Kamera. Deren Bild ist auch sein Bild. Er muß sich nicht von einem anderen erzählen lassen, was dieser gesehen hat, und sich das dann vorstellen; er sieht das innere Bild des anderen selbst. Die Kamera unterscheidet nicht zwischen innerem und äußerem Bild, zwischen Vorstellung und Wahrnehmung. Sie funktioniert gewissermaßen auf psychotischem Niveau. Wer seinen Blick in den der Kamera einläßt, tritt in ein nach außen gekehrtes, technisch präzisiertes Traumszenario ein – ein Szenario, das andere schon für ihn geträumt haben. Er muß es nicht selbst erst durch Verdichtung, Verschiebung und Umkehrung latenter Motive zustande bringen und kann es deshalb so mühelos mitträumen, weil es vom Traum nur die Außenseite übriggelassen hat: den manifesten Trauminhalt. Keine Frage, daß der Film durch seine besondere Art der Traumähnlichkeit eine neue Dimension der Welterfahrung erschlossen hat. Für seine großen Werke gilt ohne Einschränkung die berühmte Definition Paul Klees: «Kunst gibt nicht das Sichtbare wieder, sondern macht sichtbar.»[36] Nur eben um einen hohen Preis. Auch in ihren größten Werken macht die technische Einbildungskraft keinen Unterschied zwischen Halluzination und Vorstellung – und arbeitet unweigerlich daran mit, auch der menschlichen Einbildungskraft diese Unterscheidung abzugewöhnen. Sie hat eine repsychotisierende Tendenz.

Deren Anfänge mögen undramatisch sein. Doch Phänomene wie die offensichtliche Annäherung von Zeitungen an Illustrierte oder die wachsende Unwilligkeit und Unfähigkeit von Studierenden, einer Vorlesung zu folgen, die nicht mit Bildern unterlegt ist, sind starke Indizien dafür, daß die Anlehnungsbedürftigkeit von Vorstellungen an Wahrnehmungen drastisch zunimmt. Professoren bedienen sie bereitwillig, wenn sie von jedem Autor, den sie in ihrer Powerpoint-Präsentation zitieren, sogleich ein Foto einblenden, damit man sich «den mal vorstellen» kann. Nur konsequent, wenn Patienten dem Psychoanalytiker erst einmal auf dem *ipad* Fotos ihrer Familie zeigen wollen, damit er sich «die mal vorstellen» kann. Hier ist bereits das Stadium nahe, wo Vorstellungen unerträglich werden, wenn sie sich nicht sofort auf Wahrnehmungen stützen können. Die singuläre Errungenschaft der Vorstellung, sich auch das vergegenwärtigen zu können, was man *nicht* sieht – und nur so funktioniert menschliches Gedächtnis –, verkehrt sich in eine Belastung. Vorstellungen

36 Klee 1987, 60.

werden von einem Regressionsbedürfnis befallen – von dem Wunsch, sie mögen sich von Wahrnehmungen nicht mehr unterscheiden, ja in ihnen verschwinden.

Ließe sich der Rückfall in die Indifferenz von Vorstellung und Wahrnehmung doch auf ein paar erholsame Kinostunden beschränken. Phasen der Regression, des entspannten, zerstreuten Absinkens in einen Zustand, worin Vorstellung und Halluzination spielerisch ineinander verschwimmen, braucht jeder, gerade um sich seine Realitätstüchtigkeit zu erhalten; genauso wie jeder den Traum braucht, den Freud einmal als harmlose Psychose[37] bezeichnet hat. Das Problem ist die *konzentrierte* Zerstreuung: das Regime. In großen Filmen feiert es seine Sternstunden. In den Niederungen des Alltags nimmt die Rückannäherung der Vorstellung an die Halluzination die Gestalt von Jammer und Elend an. Davon zeugen die ADHS-Kinder. Je mehr es sie zu Fernseher und Computer zieht, desto mehr reduzieren sich ihre Vorstellungen auf bloße Wurmfortsätze dessen, was sie gerade erleben und wünschen. Und indem sie sich diesem Hier-Jetzt überlassen und darin um so besser versinken können, je unruhiger es flimmert und zuckt, nähern sie sich einer neuen Art des Tagträumens an – nicht jenem beschaulichen, in das ein gedankenverlorenes Sinnieren übergeht, wenn seine Vorstellungen zu Bildern absinken und für Momente halluzinatorische Plastizität gewinnen, sondern einem hektischen, worin Traum- und Wachzustand so ineinanderrutschen, daß die Betroffenen weder mehr intensiv träumen noch zur Strukturiertheit wachen Verhaltens gelangen. Wo der mentale Vorstellungsraum, also der innere Wachraum, kein nennenswertes Volumen mehr gewinnt, gewinnt auch

37 Freud 1969 [1933], 459.

der Traumraum keines mehr. Er vertieft sich nicht mehr zum mentalen *back office*, wo die Tagesreste, die das Wachbewußtsein unverarbeitet gelassen hat, nachbearbeitet werden, so daß etwas stattfinden kann, was das menschliche Nervensystem nicht minder braucht als den Schlaf: das mentale Nachsitzen.

Nachsitzen

Die Paukschule bestrafte aufsässige Kinder mit Nachsitzen. Sie mußten länger in der Schule bleiben. Das ist heute zum Glück nicht mehr gestattet. Aber nachgesessen wird weiterhin: überall dort, wo Hausaufgaben gemacht werden. Ihr Sinn ist, daß im Unterricht Erarbeitetes sich durch Wiederholung, Nachbearbeitung, Variierung setzt. Und je weniger man im Unterricht aufnahm, desto länger sitzt man über den Hausaufgaben nach. Daß man dazu oft keine Lust hat, ist ganz natürlich. Etwas anderes ist, wenn man dazu sensomotorisch unfähig ist. Das ist ähnlich fatal wie nicht schlafen oder nicht träumen zu können und rührt an den Nerv der Menschwerdung. Nicht anders nämlich als durch Nachsitzen, will sagen, durch wiederholende Nachbearbeitung von Unbewältigtem, ist der Homo sapiens einst zur Kultur gelangt. Eine Kultur, die nicht mehr nachzusitzen vermag, gibt sich selbst auf.

Nachsitzen lernen und Muße dazu haben ist das Element aller Bildung. Kindergärtnerinnen und Grundschullehrerinnen, die erst einmal mit viel Geduld und Ruhe gemeinsame Rhythmen und Rituale einüben, in deren Bahnen die gemeinsame Zeit mit den ihnen anvertrauten Kindern verlaufen soll; die sich weigern, durch ständigen Methodenwechsel den Unterricht den Unterhaltungsstandards des Fernsehens anzupassen; die den Gebrauch des Computers aufs Allernötigste reduzieren; die mit den Kindern kleine Theateraufführungen einstudieren, ihnen ein Repertoire von Versen, Reimen, Sprichwörtern, Gedichten beibringen, das auswendig, aber mit Bedacht und Verstand aufgesagt wird; die ihnen nicht dauernd Arbeitsblätter servieren, sondern sie das Wesentliche hübsch ins Heft eintragen lassen: sie gehören zu den Widerstandskämpfern von heute. Das Abschreiben von Texten und Formeln, einst ein ganz gemeines Kennzeichen der Paukschule, kann unter den Bedingungen allgemeiner Bildschirmunruhe unversehens zu einer Maßnahme der motorischen, affektiven, mentalen Sammlung, der inneren Einkehr, um nicht zu sagen, der Andacht werden. Und je früher die Atmosphäre solch profaner Andacht eingeübt wird, desto weniger muß später der Förderunterricht die ADHS-Scherben zusammenlesen. In Malebranches Worten: «Die Aufmerksamkeit des Geistes ist ein natürliches Gebet.» Kinder in diesem übertragenen Sinne gebetsfähig zu machen, fähig, sich derart in eine Sache zu versenken, daß sie sich selbst dabei vergessen, aber gerade so eine Ahnung davon bekommen, was erfüllte Zeit wäre: das ist vielleicht die vordringlichste Bildungsaufgabe unserer Epoche.

2. Ritualkunde: Skizze eines Schulfachs

Vorklärung

Schon länger schwebt mir ein neues Schulfach vor. Nein, kein zusätzliches, das in übervolle Lehrpläne auch noch hineingepreßt werden soll, so wie bestimmte Lobbys darauf dringen, Informatik und Ökonomie schon in der Schule zu verankern, um die Jugendlichen bereits mit dem Maß an Computervertrautheit und Betriebswirtschaftsmentalität in Empfang nehmen zu können, das sie sich für den Arbeitsmarkt wünschen. Hier geht es vielmehr um ein Fach, das quer zur bestehenden Fächeraufteilung steht und ihr eine Neuausrichtung gäbe. Es würde dem Schulalltag so etwas wie eine deeskalierende und beruhigende Achse einziehen, an der entlang sich die Kräfte gegen das grassierende Aufmerksamkeitsdefizit stärken könnten. Jedes Kind hat solche Kräfte. Es gilt, sie zu sammeln und strukturell zu festigen. Ein Fach der Sammlung schwebt mir also vor, das ich vorläufig «Ritualkunde» nennen möchte. An dem Namen liegt mir nichts; er kann gern einem besseren weichen. Hier kommt es vorerst nur darauf an, was damit gemeint ist.

Rituale sind geronnene, kodifizierte Wiederholungen. Ihre ältesten Formen sind aus dem Grauen hervorgegangen. Zum Glück haben sie sich davon lösen können. Sie sind heute nicht mehr dazu verdammt, ein schaudererregendes, opferbegieriges Heiliges zu vergegenwärtigen. Sie können temperierte, ja zarte Formen annehmen und sich um ganz Profanes drehen: eine Aufführung, eine Rede, eine Mahlzeit. Und dennoch haftet ihnen ein Mal ihres sakralen Ursprungs unauslöschlich an. Sie haben stets etwas Feierliches. Feiern heißt den Alltag verlassen, sich in eine von ihm abgesonderte Sphäre begeben: in einen besonderen oder zumindest besonders hergerichteten Raum und in eine besondere, «erhöhte» Stimmung. «Abgesondert» ist denn auch die Ursprungsbedeutung sowohl des hebräischen als auch des griechischen Wortes, das wir mit «heilig» übersetzen, und ein Hauch dieses Besonderen, eine Aura, umgibt noch das bescheidenste Ritual, das in kleinstem Kreis vollzogen wird. Es sind ja längst nicht mehr nur konfessionelle Großgruppen, die sich zu einem Ritual versammeln. Das ausgedehnte Sonntagsfrühstück, mit frischer Tischdecke, Kerzen und kleinen Delikatessen, die es die Woche über nicht gibt, hat zweifellos auch dann etwas Rituelles, wenn es nur zwei oder drei sind, die es gemeinsam einnehmen, und keiner der Beteiligten einen höheren Sinn damit verbindet. Wo das Ritual endet und der Brauch, die Sitte, die Gewohnheit beginnt, ist eine bürokratische Frage. Alle Bräuche, Sitten, Gewohnheiten sind abgesunkene, ausgefranste, mehr oder weniger profan gewordene Rituale.

Insofern ist es eine gute Sprachregelung, den Mangel an festen Wiederholungsstrukturen im Schulalltag, den besonnene Pädagogen schon länger beklagen, einen Mangel an Ritualen zu nennen. Es gibt bereits eine ganze Reihe von Schulen, die ihn programmatisch bekämpfen. Feste Regeln werden eingeführt. Man einigt sich zum Beispiel darauf, «dass der Lehrer […] die zur Klasse geöffnete Hand in Augenhöhe hebt, sobald es ihm zu laut wird, und dass dann, erst wenn die Hand heruntergenommen worden ist, die Kommunikation fortgesetzt werden darf». «Oder: Schüler bekommen die Aufgabe, mit Hilfe der Glocke über die Lautstärke zu wachen.» «Der Gong zu Beginn einer Stunde veranlasst kollektives Schweigen und die Besinnung darauf, was jetzt geschehen wird. Erst nach erneutem Gong soll mit dem Unterricht begonnen werden. In Klassenratsstunden werden Vereinbarungen für das Verhalten in der Klasse besprochen und beschlossen, anschließend halten sich alle Schüler an der Hand und bekräftigen ihren Willen, die getroffenen Vereinbarungen zu beachten.» «Manche Schulen setzen große Hoffnungen in die inszenatorische Kraft und Wirkungsweise der Rituale als Selbstverpflichtung der Schulgemeinde. Das kann bis zu dem Punkt gehen, dass buchstäblich alle Bereiche der Schule, die überhaupt einer Steuerung unterzogen werden können, durch entsprechend ritualisierte Umgangsformen geprägt werden.» «Eine Schule etwa hat eine Agenda beschlossen, mit der das Wichtigste an gewünschtem Verhalten bestimmt werden soll, und reihum wird jeweils eines der Gebote zum Thema einer Besinnungsstunde gemacht.»[38]

Nun ist es zwar unvermeidlich, daß immer dann, wenn ein Lehrer vor eine neue Klasse tritt, erst einmal elementare Regeln des Umgangs miteinander ausgemacht werden müssen, und es kann nichts schaden, wenn alle Beteiligten feierlich bekräftigen, sich daran halten zu wollen. Aber entscheidend ist, wie diese Regeln dann mit Leben erfüllt werden. Rituale sind weit mehr als bloß Regeln. Es sind gelebte Wiederholungsabläufe, in die man Kinder, wenn man sie nicht verbiegen will, nur dann einführen kann, wenn sie selbst eine gewisse Neigung dazu verspüren. Frei nach Marx: Es genügt nicht, daß die Regel zur Verwirklichung drängt, die Wirklichkeit muß sich selbst zur Regel drängen.[39] Das aber ist kaum möglich,

38 Gruschka 2011, 112 ff.
39 «Es genügt nicht, daß der Gedanke zur Verwirklichung drängt, die

solange bestimmte pädagogische Dogmen gelten. Zu der Zeit, als Lehrer den Unterrichtsstoff durchgängig monologisch vortrugen, unbekümmert darum, wie lange Schüler stillsitzen und folgen können, und ohne ihnen angemessenen Raum zu Rückfragen und eigenem Umgang mit dem Vorgetragenen zu öffnen – da wurde der Ruf nach Methodenwechsel laut. Mit vollem Recht. Inzwischen jedoch hat man vergessen, wogegen der Ruf sich richtete. Methodenwechsel an sich gilt als gut. Referendare, die bei der Lehrprobe nicht viermal die Methode gewechselt haben, dürfen kaum mit einer guten Note rechnen. Der Methodenwechsel hat sich verselbständigt; er dient der Durchsetzung der filmischen Unterbrechungslogik in der Schule, der Angleichung des Unterrichts an die Unterhaltungsstandards des Fernsehens. Der überlange Lehrermonolog hat Seltenheitswert bekommen, schon weil vielen Kollegen schlicht die Ausdauer dazu fehlt. Das Problem ist heute eher, wie weit sie überhaupt noch etwas zusammenhängend und anschaulich vorzutragen vermögen, ohne es sogleich mit Bildchen, O-Tönen oder Gedudel zu garnieren oder zu unterbrechen.

Der Lehrer als Erzähler, der es versteht, Kinder zehn- bis fünfzehn Minuten lang gebannt einer Geschichte lauschen zu lassen, wird pädagogisch gar nicht mehr erst erstrebt. Das wäre ja Frontalunterricht. Da hören die Kinder ja bloß zu, statt daß sie selbst etwas machen. Und wo bleibt da der Methodenwechsel. Das gemeinsame Zuhören-Lernen, jene Elementarübung dafür, sich in etwas zu versenken, dabeizubleiben, daran Anteil zu nehmen, wird vordergründigem Ak-

Wirklichkeit muß sich selbst zum Gedanken drängen.» (Marx 1972 [1848], 386).

tivismus geopfert. Je unfähiger Lehrer werden, ihrem Unterricht wohldosierte monologische Spannungsbögen einzubauen, desto ergebener zeigen sie sich dem Methodenwechsel. Er deckt die Blöße ihrer eigenen Unstetheit. Solange sie ihm aber als einem Dogma folgen und mit ständigem «Wechsel der Schauplätze und Einstellungen» auf die Kinder eindringen, angeblich weil sich deren Aufmerksamkeit anders nicht mehr fesseln läßt, gehören sie selbst zu den Unruhestiftern im Unterricht. Vereinbarungen und Gongs zur Lautstärkeregulierung helfen da wenig.

Deregulierung

Regeln aufstellen ist nur ein Anfang. Ritualkundig sein hingegen ist ein Know-how: wissen, wie man Wiederholungsstrukturen so in den Unterricht einzieht, daß er auf ihrer ruhigen Grundlage stetig fortschreiten kann. Wo man nicht selbst solche Strukturen anlegt, stellen sich andere ein, derer man nicht immer froh wird. Es fängt schon mit der Pünktlichkeit an. Sie ist heute zu einem Synonym für Kleinlichkeit und Unbarmherzigkeit geworden. Im deutschen Obrigkeitsstaat war sie ein Fetisch, und die Nazis vollzogen selbst Massenvernichtungen nach ihren Standards. So möchte man nicht sein. Und so gibt der Lehrer, der erst fünf bis zehn Minuten nach Stundenbeginn den Klassenraum betritt, das Signal: Auf Pünktlichkeit kommt es nicht an. Er kann sie auch nicht glaubwürdig von den Schülern einfordern. Aber er liegt im Trend. Die meisten Zeitpunktvereinbarungen sind im Zeitalter des Handys revidierbar geworden. «Du, ich komme eine Viertelstunde später, du mußt dich auch nicht hetzen» ist eine der beliebtesten Telefonnachrichten geworden. Gleitende Arbeitszeit und individuelles Zeitmanagement haben gewiß mehr Bewegungsfreiheit gebracht, aber auch den Streß, Zeit- und Treffpunkte ständig neu verhandeln zu müssen.

Von alledem bleibt die Schule nicht unbehelligt. Sie mutet wie eine anachronistische Bastion an. Da sollen alle zur gleichen Zeit lernen und Pausen machen; warum eigentlich? Warum nicht jedem Kind seinen individuellen Lernrhythmus ermöglichen? Der pädagogische Hit sind derzeit, vor allem in Grundschulen, sogenannte Tages- oder Wochenpläne. Es liegt ein bestimmtes Quantum von Arbeitsblättern bereit, das jedes Kind in Tages- oder Wochenfrist bearbeiten soll; in welcher Reihenfolge und in welchem Tempo, bleibt ihm überlassen. Der Lehrer kümmert sich um die auffällig Zurückbleibenden und Vorauseilenden, hilft ersteren und gibt letzteren zusätzliche Herausforderungen (meistens weitere Arbeitsblätter), während das Gros seine Aufgaben selbst erledigt. So sollen individuelle Förderung und allgemeiner Unterricht zugleich gelingen. Tatsächlich fördert der Lehrer vor allem die Niveauangleichung im Klassenverband. Unter der Hand tut er aber noch mehr: Er übt Vorformen gleitender Arbeitszeit ein. Nicht einzusehen, daß die Flinken länger im Klassenraum verweilen müssen als nötig; warum sollen sie nicht später kommen und früher gehen? Ständig umgeben sein von andern Kindern, die etwas anderes tun als man selbst, ist gewiß nicht konzentrationsfördernd. Daß andere schon fertig sind, während man selbst noch knobelt oder bummelt, erhöht vielleicht den Anreiz, sich zu sputen, aber nicht das Sachinteresse. Und wenn der Tages- oder Wochenplan erfüllt ist, steht ein neuer an. Die Ergebnisse des vergangenen detailliert zu überprüfen oder gar noch einmal im Plenum Revue passieren zu lassen, das gibt das Stundenkontingent nicht her. So lernt zwar, wer ein Arbeitsblatt nach dem andern ausfüllt, zweifellos Sachbearbeitung. Aber besagt die richtige Antwort oder das Kreuz an der richtigen Stelle schon, daß die Sache auch verstanden wurde? Das stellt sich oft erst heraus, wenn die Schüler danach im Plenum ihre Lösungen in den Kontext eigener Worte fassen. Doch solche wiederholende, festigende, verstehende Rückbindung an Sprache ist ebensowenig vorgesehen wie gemeinsame Konzentration auf eine Sache, die doch erfahrungsgemäß ungleich leichter fällt als vereinzelte.

Tages- und Wochenpläne sind Deregulierungsmaßnahmen. Sie leisten dem Eindringen der Praxis und Mentalität gleitender Arbeitszeit in den Schulalltag Vorschub; sie verringern die gemeinsame Bemühung um Inhalte; sie schränken das Wechselspiel von Schriftlichem und Mündlichem ein (Arbeitsblätter werden *ausgefüllt*; es wird dabei weder vernünftig Schreiben noch Sprechen gelernt) und verstärken den Trend, «mündlich» mit Diskutieren und sozialem Lernen gleichzusetzen, «schriftlich» mit Ausfüllen und Kognition, was sich Schüler und Eltern nicht selten so übersetzen: Mündlich ist Schwafeln, schriftlich ist Wissen. Tages- und Wochenpläne üben im Namen individueller Förderung und Entfaltung vornehmlich in modernes Zeitmanagement und Sachbearbeitung ein, also das, was der Arbeitsmarkt braucht; aber wieviel Weltverstehen dabei abfällt, steht dahin.

Dennoch geben diese Pläne durchaus eine Ordnung vor, in gewisser Hinsicht sogar eine starre. Bestimmte Zeitkontingente sind vorab verplant; Beweglichkeit ist nur innerhalb ihres Rahmens vorgesehen. Vom Ritual bleibt hier nur die erstarrte Hohlform. Seine Konturen bilden sich nicht durch konkrete Wiederholungen heraus; die Form fungiert vielmehr nur als äußerliches Gehäuse innerer deregulierter Abläufe, durchaus nach dem Muster, wie moderne Firmen ihre Arbeit organisieren. Ziel und Zeitpunkt sind strikt vorgegeben, aber wann man was erledigt, ist völlig egal; da sind den individuellen Vorlieben keine Grenzen gesetzt. Bekanntlich hat diese Art des Individualismus die innere Unruhe der Betroffenen sprunghaft erhöht. Streß und Schlaflosigkeit sind signifikant gestiegen.[40] Deren weiteres Vordringen in die anachronistische Bastion der Schule ist tunlichst zu verhindern. Nur solange sie sich gewisse Anachronismen erhält, leistet sie mehr als die Einübung in die Imperative der flexibilisierten Arbeitswelt. Schon deshalb bedarf sie Halt gebender, beruhigender Wiederholungsstrukturen.

Nie sind solche Strukturen ganz zwanglos; immer hat die Einübung in sie auch etwas Disziplinierendes. Immanuel Kants berühmte Frage «Wie kultiviere ich die Freiheit bei dem Zwange?»[41] bleibt unauslöschlich über jeder pädagogischen Bemühung stehen. Es ist geradezu die Leitfrage der Ritualkunde. Ihr Geschäft ist der Zwang, der der freien Entfaltung dient. In den rituellen Gehäusen der Deregulierung ist es umgekehrt; da dient die freie Entfaltung dem Zwang. Deshalb ist zwischen deregulierten und erfüllten Ritualen wohl zu unterscheiden – und Ritualkunde gleichwohl nicht zu verwechseln mit einem «Lob des Rituals», als handle es sich lediglich um ein anderes Etikett für jenes *Lob der Disziplin*,[42] das eine im wörtlichen Sinne reaktionäre Pädagogik neuerdings singt. Zwar ist es völlig richtig, daß ohne Disziplin kein vernünftiger Unterricht zu machen ist. Aber Disziplin als solche ist nicht lobenswert; es kommt darauf an, wie und wozu sie eingeübt wird. Auch Rituale sind nicht an sich gut. Ihre Anfänge waren

40 Sennett 1998, 99.
41 Kant 1968 [1803], 711.
42 Bueb 2006.

sogar furchtbar. Dennoch ist ohne rituelle Strukturen von Erziehung und Unterricht nichts Gutes zu erwarten. Entscheidend ist, daß sie nicht als Selbstzweck fungieren, sondern als Turngeräte der Freiheit.

Primarunterricht

Was hier Ritualkunde genannt wird, begänne am besten schon im Kindergarten und ist darauf angelegt, die Schüler von der Einschulung bis zum Abitur zu begleiten. Allerdings in unterschiedlicher Konsistenz und Dosierung. Mit Grundschülern über Bedeutung und Reichweite von Ritualen zu reflektieren, macht wenig Sinn. Hier steht erst einmal der Aufbau von Ritualstrukturen an. Die Kinder selbst müssen noch gar nicht wissen, was das ist – im Gegensatz zu den Lehrern. Ritualkunde müßte für angehende Grundschullehrer vielleicht kein eigenes Studienfach sein, aber einer der Brennpunkte ihres Hauptfachs: Pädagogik. Ohne eine kleine Archäologie des Rituals absolviert und sich mit seinen Verlaufsformen in archaischen Gemeinschaften sowie der Logik seiner Temperierung und Profanierung an instruktiven Beispielen vertraut gemacht zu haben, sollten sie die Hochschule nicht verlassen – und spätestens im Referendariat lernen, wie sie dies Wissen zum Aufbau von Ritualstrukturen fruchtbar machen können. Dazu brauchen sie aber noch etwas.

Rituale sind ursprünglich etwas «Naturwüchsiges»: ohne Plan entstanden.[43] Es hat sie nicht einer ausgeheckt und den

---

43 «Naturwüchsig» ist nicht zu verwechseln mit «naturgemäß», «gut», «rein» oder «unverdorben von Kultur».

andern dann eingebleut oder zur Abstimmung vorgelegt; vielmehr haben viele daran mitgewirkt, wenn auch nicht gleichmäßig und nach einem geregelten Verfahren. Auch in archaischen Gemeinschaften waren nicht alle gleich stark und schlau. Rituale sind keine gewaltfreie und dennoch eine gemeinschaftliche Leistung ohne identifizierbare Urheber. Deshalb sagt man gelegentlich, der «Geist» des jeweiligen Kollektivs habe sie hervorgebracht. Ein Erfinder des Menschen- oder Rinderopfers läßt sich ebensowenig benennen wie ein Erfinder der Schrift oder des Ziegelbrennens. Es gibt aber noch anderes Naturwüchsige: Märchen, Volkslieder, Sprichwörter. Auf deren Frühformen kann ebenfalls keine Einzelperson Urheberrechte anmelden. Es sind naturwüchsige Sprech- und Gesangsformen, die nur durch wiederholtes gemeinsames Sprechen und Singen die feste Kontur gewonnen haben, die sie von Generation zu Generation überlieferbar machte. Ihr Zustandekommen hat ebenso etwas Rituelles wie etwas Kindliches, obwohl ihre treibende Kraft Erwachsene waren, denen es fernlag, speziell etwas für Kinder auszuhecken, und manche Märchen sind so grausam, daß man sie kleinen Kindern besser vorenthält. Gleichwohl waren diese Erwachsenen kindlicher als wir, die Angehörigen einer wissenschaftlich-technischen Zivilisation. In ihrer Welt hatten reichlich Fabelwesen Raum, die aufgeklärte Erwachsene nicht mehr für bare Münze nehmen können und die phylogenetisch dennoch zu den Vorläufern des modernen Kausalitätsdenkens gehören. Psychoanalytisch könnte man sie «Übergangsobjekte»[44] nennen, und genau solche Objekte brauchen auch Kinder bei ihrer Einübung in die ebenso nüchterne wie diffuse High-Tech-Reali-

44 Winnicott 2002 [1974], 14 ff.

tät. Teddybären und Puppen sind unerläßliche Weggefährten dabei, die Fabelwesen des Märchens ihre Verbündeten. Sie sind keine Kinderei, nichts Niedliches. Erwachsene haben sie gemeinsam für ihresgleichen ausgesponnen, wie die ganze Wunschwelt des Märchens. Sie bietet eine unnachahmliche Mischung von Kindlichkeit und Ernst. Deshalb sind Märchen unersetzliche Wegbahner kindlichen Lernens.

Nicht nur ihr Entstehungsprozeß weist rituelle Wiederholungsstrukturen auf; auch ihr Inhalt ist davon durchdrungen. Dreimal kommt die Fee, der Teufel, das Rumpelstilzchen, und erst beim dritten Mal wendet sich das Geschick. Drei Strophen hat das Lied, dreimal kommt der Refrain. Die Dreizahl – die selbstverständlich als «heilige» Zahl begonnen hat (drei Jahreszeiten, drei Tageszeiten, drei Tage Neumond etc.) – bietet die knappste und dichteste Form, um sowohl die Wiederholung darzustellen als auch das, was sie durchbricht. Durch Wiederholung über die Wiederholung hinaus: dieser dialektische Sachverhalt teilt sich im magischen Dreimal auf elementare Weise mit. Er macht spürbar, was Lernen eigentlich ist: Durchbrechung eines Banns, nicht Jux oder Infotainment. Wenn es «Spaß» macht, will sagen, befriedigt und beglückt, so deshalb, weil es eine Barriere überwindet, das Kind zu etwas befähigt, was es «größer» macht. Und «groß werden» ist sein sehnlichster Wunsch.

Damit nicht genug. Die Märchenwelt ist nicht nur von Fabelwesen bevölkert. Auch sozial ist sie eine vergangene Welt: vormodern, vorwiegend agrarisch, einfach und transparent. Bauern, Handwerker, Könige sind ihre Hauptakteure. Sie spielen klar definierte Rollen, wie auch Mann und Frau. Man weiß, was man von ihnen zu erwarten hat. In diesem überschaubaren sozialen Feld entfaltet sich die Handlung: als Störfall, als Abweichung von der Regel. Damit aber kultivieren

Märchen auch ein Grundgespür für Geschichte: daß es einmal andere Verhältnisse gab als die, denen wir ausgesetzt sind; primitivere, «kindlichere», in denen man sich leichter orientieren, eher merken konnte, wo man hingehört; Verhältnisse, die erahnen lassen, daß die verwirrende Komplexität unserer Umgebung etwas aus einfacheren Bestandteilen Zusammengesetztes, allmählich Gewordenes, nicht notwendig so Seiendes ist. Und ohne in der Geschichte einen Zeugen gegen die Unabänderlichkeit der Gegenwart zu verspüren, sozusagen ein *back office* des Unerledigten, das hilft, im Jetzt besser zurechtzukommen, ist jede spätere Beschäftigung mit Geschichte, so wissenschaftlich sie auch ansetzen mag, nur «ein tönend Erz und eine klingende Schelle».[45]

Doch wer ist mit dieser Welt der Märchen, Volkslieder, kindlicher Reime und Spiele noch vertraut? Mit dem Siegeszug von Radio und Fernsehen sind sie innerhalb von zwei Generationen nahezu weggebrochen. Vornehmlich sind es Geräte, durch die musiziert, erzählt, etwas aufgeführt wird. Man muß es nicht mehr selbst tun. Und so ist auch Erziehern und Lehrern eine ganze Tradition naturwüchsiger Ausdrucksformen fremd geworden, die als «Container» kindlichen Lernens schwer ersetzbar sind. Zwar setzen die Massenmedien an die Stelle der Ausdrucksformen, die sie wegbrechen lassen, eine Fülle von Neuem, aber zu den Konditionen des neuen Aufmerksamkeitsregimes. Jeden Abend kommt eine Gutenachtgeschichte. Es sind ganz entzückende darunter. Aber sie werden ausgestrahlt und sind weg. So fasziniert das Kind jede einzelne auch verfolgt – sie sedimentieren sich nicht annähernd so wie vielfach von Angesicht zu Angesicht Wiedererzähltes; sie fügen

45 1. Korintherbrief 13, 1.

sich nicht zu einem mentalen Fundus, der sich jederzeit aktivieren läßt und dem Neues mühelos anwächst. Video- und Audiokonserven können ihr Pensum zumindest beliebig oft wiederholen. Als Unterstützer lebendigen Wiedererzählens sind sie segensreich. Aber gewöhnlich sollen sie es ersetzen: tun, was lebendige Personen nicht mehr können oder wollen.

Hier ist Nachsitzen angezeigt. Zunächst einmal für Lehrer – und deren Lehrer. Auch Pädagogikprofessoren sollten sich nicht zu fein sein, sich selbst ein grundständiges Repertoire von Märchen, Liedern, Versen, Reimen und Spielen anzueignen, das ihnen in ihrer Jugend nicht mehr naturwüchsig zuflog. Und wenn sie die Scham darüber anwandelt, weil sie sich zu Höherem bestimmt fühlen, hilft vielleicht die Erinnerung an Theodor W. Adorno, einen Denker, der nicht gerade für einen Hang zur Simplifizierung bekannt ist, der auch als Komponist mit den avanciertesten musikalischen Mitteln zu arbeiten beanspruchte und gleichwohl eine auffällige Neigung zeigte, Kinderverse zu vertonen. Nicht daß man diese Vertonungen mit Kindern singen könnte; sie sind hochkomplex atonal und nicht jedermanns Sache. Nur Erwachsene können sie vortragen. Intendiert ist, daß sie dabei ihrer eigenen Kindheit eine sie reflektierende Stimme geben, wie Adorno generell der Auffassung war, «daß, was man im Leben realisiert, wenig anderes ist als der Versuch, die Kindheit verwandelnd einzuholen».[46] Die Hochschätzung des Kinderreims ist einer der geheimen Anker seines Denkens. Adorno war überempfindlich gegen alles, was nur von ferne nach völkischer Ideologie roch, aber Verse wie «Ich und mein Kathrinelein»[47] ge-

46 Adorno 1986 [1962], 395.
47 Vertont für Sopran und Klavier 1925 (Metzger/Riehn 1989, 144).

hörten nicht dazu. Er hat sich die Unterscheidung von Volksgut und völkisch nicht nehmen lassen.

Ein Repertoire naturwüchsiger kindlicher Ausdrucksformen ist alles andere als ehrenrührig, peinlich eher, wie wenig noch über ein solches verfügt wird. Dafür sind weniger Radio und Fernsehen verantwortlich als deren konformistische Nutzer. Nur zu gern machte es sich meine Generation in dieser Hinsicht bequem. Weil sie das gedankenlose Auswendiglernen haßte, das ihr die Schule in den 1960er Jahren oft noch abverlangte, war sie um so empfänglicher für Slogans wie «Kritisch denken statt auswendig lernen». Als ob eines das andere ausschlösse, als ob Auswendiglernen *per se* gedankenlos sei – eine überhebliche Unterstellung, die sich alsbald selbst bestrafte: durch ein unnötig dürftiges Repertoire. Ich nehme mich davon nicht aus. Die Rückbesinnung auf entschwundene naturwüchsig-kindliche Ausdrucksformen hat etwas Beschämendes. Es ist unangenehm, solchen «Kinderkram» als Erwachsener nachzuholen. Um so größer ist die Versuchung, ihn lächerlich zu machen. Es ist ja so leicht, über Kinderverse und Volkslieder memorierende Pädagogen herzuziehen und sie als neue Jugendbewegte, wieder auferstandene Wandervögel zu verspotten. Sie müssen sowohl nachsitzen als auch eine seelische Hornhaut gegen die Häme der Coolen und allzu Aufgeklärten ausbilden. Die Bereitschaft dazu ist ein signifikantes Eignungskriterium für angehende Grundschullehrer. Sie und ihre Ausbilder kommen um ein Grundrepertoire kindlicher Ausdrucksformen nicht herum. Es muß obligatorisch sein, nicht etwas bloß Optionales, womit sich beschäftigen mag, wer Deutsch oder Musik studiert. Ausreden wie «Ich kann nicht singen» zählen nicht. Singen kann jeder, ebenso wie sprechen. Schön singen ist ja nicht verlangt, und in einfachen Liedern annähernd die Töne treffen ist wie das kleine

Einmaleins; man kann es auch ohne Studium. Man muß nur über die erste Hemmschwelle hinwegkommen: das Gefühl, hoffnungslos altbacken zu sein, wenn man es tut. Das gleiche gilt für Märchen. Wer sie sich in dem Bewußtsein aneignet, daß er damit nicht verstaubte Volkstümeleien wiederbelebt, sondern Widerstandskräfte gegen den High-Tech-Alltag, der wird sie völlig neu entdecken. Der Fundus naturwüchsiger Ausdrucksformen wird zum Schatz.

Wenn Lehrer einen solchen Schatz mitbringen, dann können sie tatsächlich dem Anfangsunterricht die deeskalierende und beruhigende Achse einziehen, von der oben die Rede war. Ritualkunde kann praktisch werden. Anfänge dazu sind ja längst da, bei allen Lehrern, die wissen, daß sie Schulanfänger erst einmal beharrlich und geduldig in eine neue Umgebung einüben müssen. Sie müssen mit Pausenhof und Toilette vertraut werden, erst recht mit ihrem Klassenraum, lernen, was an die Garderobe gehört, was in den Ranzen, wie man ihn packt, wie man aufräumt, wie man sich innerhalb und außerhalb des Klassenraums versammelt, wie man sich zu Wort meldet, Unterrichtsmaterialien verteilt, die Tafel wischt, Blumen gießt und, nicht zu vergessen, wie man mit dem Schulproviant umgeht. Essen und Trinken brauchen eine eigene Zuwendung, um nicht zu sagen, eigenen Respekt, nicht nur in dem Sinne, daß man sie sorgsam behandelt und nicht achtlos hinunterschlingt (Fastfood), als auch in dem, daß man bekömmliche und gesunde Lebensmittel kennen- und schätzenlernt. Dies alles und noch einiges mehr ist einzuüben. Das kostet viel Kraft und Zeit, aber jede Zeit, die dafür in den ersten Wochen und Monaten des Anfangsunterrichts mit voller Kraft investiert wird, zahlt sich für das ganze weitere Schulleben und darüber hinaus vielfach aus.

Lehrer brauchen dafür enorm viel Geduld, was nicht mit «Nachsichtigkeit bis zur Schmerzgrenze» zu übersetzen ist, sondern eher mit «unbeirrbarer Wiederholungsfähigkeit». Lehrer, die nicht immer wieder nachschauen, ob die Hausaufgaben gemacht sind, ob alles Nötige im Ranzen ist, auch vernünftiger Proviant, können keine robusten Wiederholungsstrukturen bei den Kindern anlegen. Auch den Lehrern hilft daher die deeskalierend-beruhigende Achse der Ritualkunde. Sich täglich zu Beginn der gemeinsamen Arbeit im Klassenraum stehend zu begrüßen, ist kein Drill, sondern ein Zeichen des Respekts. Wird dann noch gemeinsam ein Liedchen angestimmt oder ein Reim aufgesagt, so bildet sich unaufwendig und nebenher ein erstes kleines Repertoire, an das sich alsbald weiteres knüpfen läßt.

«Spielend lernen» lautet eine gängige Schulparole, und zumeist wird darunter verstanden, das Pensum nach Unterhaltungsstandards zurechtzumachen, den Bitterstoff der Mühe und Anstrengung durch Zückerchen zu versüßen, ihn durch etwas Klamauk, Bildchen und Witzchen leichter konsumierbar zu machen. Ritualkundlich gesehen heißt «spielend lernen» hingegen vornehmlich Spiele lernen, Stücke lernen, etwas aufführen, und zwar mit allen Wiederholungen und Anstrengungen, die das kostet. Und auch erste Klassen können schon eine Kleinigkeit bieten. Kinderlieder sind meistens selbst schon kleine Singspiele oder lassen sich leicht dazu ausbauen; aus Lauf-, Hüpf- und Balancierübungen des Sportunterrichts werden mit wenig Aufwand Tanzbewegungen; auch für kleine Basteleien gibt es einfallsreiche Präsentationsformen. In sinnvollen Abständen, vielleicht einmal monatlich, sollte ein Aufführungstag zum Grundschulalltag gehören, an dem Klassen sich wechselseitig oder auch den Eltern etwas darbieten, und sei es auch nur, daß Geschichten vorgelesen oder Mitbringsel von der Klassenfahrt präsentiert werden. Die etwas vor- oder aufführen, befinden sich sozusagen auf dem Präsentierteller. Gemeinsam stehen sie im Mittelpunkt, aber auch jeder einzelne ist wichtig. Er kann sowohl den andern den Auftritt vermasseln als auch sich selbst blamieren, und das setzt, ohne daß irgend mit Zensuren gedroht werden müßte, unter einen gemeinsamen Druck, der etwas qualitativ anderes als bloß individueller Konkurrenzdruck ist und mit wenigen Ausnahmen eher beflügelt als lähmt. Bemerkenswert, wie viele Kinder, die mit dem Lese-, Schreib- und Rechenlehrgang hadern, bei Proben und Aufführungen geradezu aufblühen. Gewiß mag es gelegentlich auch das Umgekehrte geben. Nicht alle «mögen» Aufführungen, aber erst recht «mögen» nicht alle Kopfrechnen, was durchaus kein Grund ist, die Unwilligen davon freizustellen.

Wer das hier vorgeschlagene Konzept unter Überbetonung musischer Erziehung abheftet, hat nicht verstanden, worum es geht: allgemeine Grundlegung von Wiederholungsstrukturen, man ist fast versucht zu sagen, von Sittlichkeit. Etwas aufführen lernen heißt auch *sich* aufführen lernen. Einstudierungen sind heutzutage Notwehrmaßnahmen gegen expandierendes Aufmerksamkeitsdefizit, nicht musische Hobbypflege. Die Gedächtnis- und Sprecharbeit, die dabei zu leisten ist, setzt den Deutschunterricht mit andern Mitteln fort, der Inhalt des Spiels gibt dem Sachunterricht Anknüpfungspunkte, die Herstellung der Requisiten fällt in Werk-, Textil- und Kunstunterricht. Nur Mathematik läßt sich nicht so leicht integrieren. An den Aufführungstagen aber würde die ritualkundliche Achse, die den ganzen Unterricht durchzieht, explizit in Erscheinung treten.

Lesen und schreiben: es ist keineswegs egal, woran man das lernt, ob an Einkaufszetteln, Zeitungsausschnitten oder Texten, die für den Lernenden wirklich «von Bedeutung» sind. Als mit der Reformation die allgemeine Schulpflicht um sich griff, da war die Fibel die Bibel. Was sollten solche Kindereien wie ein gesonderter Schreib- und Leselehrgang, wenn man doch das alleinseligmachende Buch der Bücher hatte? Das war Lehrgang genug. Und so bleute man den Kindern auf Gedeih und Verderb ganze Bibelpassagen als lauteres Wort Gottes ein. Zu solcher Praktik zurückzukehren besteht nicht der geringste Anlaß. Dennoch ist eines nicht zu leugnen. Wer lesen und schreiben lernte, lernte – auch in der Volksschule – zugleich das Grunddokument seiner Kultur in beträchtlichem Maße kennen, und den Fundus an Bibelkenntnis, den heute Theologieabsolventen gewöhnlich mit ins Pfarramt nehmen, hatten Abiturienten des 19. Jahrhunderts allemal. Man blättere unter diesem Gesichtspunkt nur einmal im Abituraufsatz des späteren Atheisten Karl Marx.[48] Rechnet man dann noch hinzu, wie merklich heute unter den atheistischen, agnostischen und indifferenten Intellektuellen Mitteleuropas das Bedauern darüber wächst, daß sie das Grundbuch der abendländischen Kultur nur noch vom Hörensagen kennen, während viele ihrer muslimischen Mitbürger den Koran in- und aus-

---

48 «Die Vereinigung der Gläubigen mit Christo nach Joh. 15,1–14, in ihrem Grund und Wesen, in ihrer unbedingten Nothwendigkeit und in ihren Wirkungen dargestellt» lautet sein Titel (Marx 1975 [1835], 449).

wendig kennen, ohne deswegen den Eindruck zu erwecken, in der High-Tech-Gesellschaft noch nicht angekommen zu sein, dann drängt sich erneut die Frage auf: Woran soll man lesen und schreiben lernen? Was ist denn unstrittig «von Bedeutung»? Etwa die vorhandenen Fibeln? Dann würden sie wohl kaum dauernd revidiert und substituiert.

Was spräche eigentlich dagegen, sich auf Texte zurückzubesinnen, die dem elementaren Wiederholungsvorgang des Lesen- und Schreibenlernens gewissermaßen kongenial sind, nämlich ebenfalls elementar, durch viele Wiederholungen zustande gekommen und von vielen Wiederholungen durchzogen? Warum den Lese- und Schreiblehrgang nicht vorrangig an Märchen binden? Was die Gebrüder Grimm zusammengetragen haben, ist nicht minder ein Fundus unserer Kultur als die Bibelübersetzung Luthers, und es ist kein konfessioneller Fundus. Man kann ihn völlig undogmatisch als Grundstock nehmen und mit märchenähnlichen Geschichten verschiedener Zeiten anreichern, selbstverständlich auch mit zeitgenössischen. Aber auch mit biblischen. Keine Frage, daß in Mitteleuropa aufwachsende Kinder Tuchfühlung mit Bibeltexten bekommen müssen, egal, welcher Konfession oder Weltanschauung ihre Eltern sind. Die Arche Noah, der Turmbau zu Babel, die Josephsgeschichte: solche Glanzlichter naturwüchsiger Erzählkunst gehören ebenso zum Grundschulalltag wie Addieren und Subtrahieren und sind keineswegs das Sondergut eines separaten Religionsunterrichts. «Gott» ist für Fünf- bis Zehnjährige nicht minder märchenhaft als Flaschengeister, Feen, Kobolde und Teufel. Er gehört in monotheistisch geprägten Kulturen zu den zentralen Übergangsobjekten. Wohin dieser Übergang führt, ob in die Kirche, Synagoge oder Moschee, ob in Skepsis oder Unglauben: das läßt die Einübung ins Märchen gerade offen. Auch biblische Texte als

Märchen zu behandeln, als Material, an dem man lesen und schreiben lernen, das man aber auch aufführen kann: das wäre eine große Chance für Kinder, Lehrer und Eltern, ihre Abgründigkeit und literarische Qualität neu kennenzulernen – und kein Grund, beim Unterricht aus konfessionellen Motiven zu fehlen, genausowenig wie bei der Behandlung oder Einstudierung von Märchen aus Tausendundeiner Nacht, bei denen «Allah» die Geschicke lenkt.

Den Lese- und Schreiblehrgang mit dem Erwerb eines Fundus naturwüchsiger und aufführungsfähiger Texte «von Bedeutung» zu verbinden, ist eine einmalige Gelegenheit. Sie kehrt nicht wieder. Daß die Schüler dabei hie und da altertümliche Worte lernen, entfremdet sie der Gegenwart keineswegs, erweitert vielmehr ihren Horizont, läßt sie Fremdworte in der eigenen Sprache entdecken und gibt ihnen ein Gefühl für Sprachentwicklung. Pädagogen, die hier sogleich Überforderung wittern – so etwas sei «heute nicht mehr machbar» –, müssen sich fragen lassen: Warum eigentlich nicht? Waren die Kinder früher klüger? Nein, sie lernten unter weit stabileren Wiederholungsstrukturen.

Wohlgemerkt: Wiederholungsstrukturen sind nicht an sich gut. Auch das Lese- und Schreibniveau ist kein Selbstwert – und dennoch nach wie vor einer der stärksten Indikatoren für die verständige Einübung in kulturelle Grunderrungenschaften. Die Parole «kindgemäß handeln», die völlig berechtigt war, solange Kinder einfach bloß als kleine Erwachsene angesehen wurden, ist längst in Anbiederei an Kinder umgeschlagen. Die Armen sind mit lateinischer Schreibschrift überfordert, hieß es vor einigen Jahrzehnten. Man verkaufte sie für zu dumm, alle Bögen und Kringel zu malen, die diese Schrift vorsieht, und bot ihnen eine vereinfachte Version. Daß dadurch die Handschrift besser geworden sei, behaupten nicht einmal die Kühnsten. Das Gegenteil ist der Fall, weshalb der neueste Vorstoß der Kultusbürokratie nun auch die «vereinfachte Ausgangsschrift» zur Disposition stellt: Jedes Kind soll schreiben, wie es will; ob Druckbuchstaben, vereinfachte oder ältere lateinische Schreibschrift, egal.[49] Unter dem Vorwand, jedem Kind auch schon im Schreiblehrgang seinen individuellen Freiraum zu öffnen, übt dieser Vorstoß eine kaum zu überschätzende desorientierende und desorganisierende Wirkung aus. Er kapituliert einfach nur davor, daß es der Schule immer weniger gelingt, Kinder auf eine einheitliche Grundschrift auszurichten – und gibt das als Fortschritt in Richtung Freiheit aus. Welch eine Ignoranz gegenüber dem Vorgang des Schreibens. Ein Kind, das ihn lernt, muß wie kaum je zuvor seine Motorik und Aufmerksamkeit mit beträchtlicher Ausdauer auf eine kleine Fläche hin zusammennehmen. Regelmäßige, kontinuierliche Schreibbewegungen sind in der Phase ihres Erlernens eine hohe Koordinations- und Konzentrationsleistung und eine der besten Hilfen für das Zusammennehmen von Vorstellungen und Gedanken. Natürlich lernt ein Kind nur Schreiben, indem es erst einmal abschreibt. Die generelle Geringschätzung des Abschreibens aber ist ebenso borniert wie die des Auswendiglernens und befördert Unruhe und Aufmerksamkeitsmangel ebenso wie dauernder Methodenwechsel.

Jeder kann schreiben, wie er will: das ist zudem nur die Vorstufe zu etwas anderem. Es werden alsbald nicht mehr alle Schüler die Schrift des Lehrers an der Tafel lesen können, denn es ist ja nicht ihre Schrift, geschweige denn das Gekrakel mancher Mitschüler, und man wird sich zu einem weiteren «Fort-

49 Schmoll 2011, 3.

schritt» genötigt sehen: Abschaffung der Handschrift und Alphabetisierung auf dem Computer. Und dann wird sich zeigen, was für einen Unterschied es macht, ob man Maschineschreiben *nach* der Handschrift lernt oder *statt* Handschrift. Letzteres läuft darauf hinaus, Buchstaben, die man selbst nicht mehr malen kann, nur noch durch ruckartige Fingerbewegungen auszulösen bei ständigem Blickwechsel zwischen Tastatur und Bildschirm. Was das für die mentale Grundkonsistenz bedeutet, der der bisherige Lese- und Schreiblehrgang als elementares Bindemittel diente, ist noch kaum absehbar. Erst allmählich zeigt sich die volle Tragweite von Friedrich Nietzsches Einsicht: «[U]nser Schreibzeug arbeitet mit an unseren Gedanken.»[50]

Auch die Rechtschreibreform des letzten Jahrzehnts ist aus dem Geist der Anbiederei geboren, angeblich um den sozialen Schichten entgegenzukommen, die mit der geltenden Rechtschreibung auf Kriegsfuß standen. Nur wurde dabei etwas Entscheidendes vorab ausgeblendet. Wie Laute zusammengefügt, Worte gebeugt, Sätze gebildet und das Ganze in Buchstaben abgebildet wird: das ist in seinen Anfängen stets ein naturwüchsiger, kein logischer Prozeß. Es schleifen sich bestimmte Gewohnheiten ein und werden zu Grundmustern, aber es hätten auch andere sein können. Daher spricht und schreibt man in China anders als in Europa. Grammatik und Orthographie sind, wie die Schreibschrift, Maßnahmen, um die Fortsetzungen von etwas Naturwüchsigem optimal zu regeln, aber keine Regelung bekommt das Naturwüchsige selbst und das Willkürmoment darin aus der Welt. Und so kam es, wie es kommen mußte. Der Versuch, die Orthographie modern, gewissermaßen demokratisch zu machen, frei von Will-

50 Nietzsche 1986 [1882], 172.

kür, logisch, transparent, für jeden nachvollziehbar, lief genau aufs Gegenteil hinaus. Seit der Rechtschreibreform hat sich die orthographische Unsicherheit vervielfacht. Mit einer Kultur oder Sprache kann aber nur vertraut werden, wer auch ein Gespür für ihre Naturwüchsigkeiten, will sagen, ihre besonderen, durchaus nicht willkürfreien rituellen Grundstrukturen entwickelt. Man muß auch ihre Marotten schätzenlernen, wenn man sie wirklich kennenlernen will. Den Sinn für Naturwüchsiges kann man gar nicht früh genug fördern. Er ist der Keim sowohl der Erfahrungs- als auch der Vernunftfähigkeit. Logisches Denken entfaltet sich in den Bahnen naturwüchsig eingespielter Wiederholungsstrukturen. Es baut sie aus; es transformiert sie. Aber Logik hat keine logischen Wurzeln. Deshalb wird ihr nie die Beseitigung des Unlogischen gelingen, allenfalls dessen optimale Eindämmung. Selbst das Dezimalsystem ist ja nicht Logik pur, sondern hat sich gegen naturwüchsigere Rechenarten, die sich an der Siebenzahl der Wochentage oder Zwölfzahl der Monate ausrichteten, erst allmählich durchgesetzt.

Fachkonferenz

Ritualkunde, wie sie hier verstanden wird, geht keinen Moment zu Lasten des Pensums von Deutsch, Mathematik und Sachkunde. Im Gegenteil, sie bindet es in einen Zusammenhang ein und vermittelt dabei mehr als nur Wissen: Gespür – für die beruhigende, festigende Kraft sinnvoller Wiederholung, für Sprache, für Geschichte, für Darstellung. Dieses Gespür ist leistungsfördernd, aber selbst keine abprüfbare Leistung, vielmehr eine Art primärer mentaler Humusboden. Wo er fehlt, läßt er sich später nicht einfach nachlegen. Er hat seine besondere, unwiederbringliche Zeit: die «Achsenzeit» der Grundschule. Nach vier Jahren geht sie ihrem Ende entgegen. Die Achse hat getan, was sie konnte. Eine andere Zeit beginnt.[51] Die Pubertät naht, jene äußerst schwierige Phase, wo die Wiederholungsstrukturen der Kindheit in ihre erste Krise treten. Sie verlieren ihre Selbstverständlichkeit und werden dennoch weiter gebraucht. Das Kind muß sich an sie anlehnen und von ihnen abstoßen können. Das sind Jahre, wo eine umfassende rituelle Unterrichtsachse nicht mehr wie bisher gepflegt werden kann, schon allein wegen des erweiterten Fächerkanons und der vielen Fachlehrer, aber auch, weil die nunmehr Jugendlichen sich bestimmte Rituale nicht mehr bieten lassen. Gemeinsam ein Lied singen? Ohne uns.

Hier muß auch die Ritualkunde umsteuern. Wenn sie in den ersten vier Jahren gut funktioniert hat, kann der Fachunterricht von einem ganzen Kontingent eingespielter Wiederholungsstrukturen zehren; er muß sie nur konsequent weiter praktizieren, was im Zeichen pubertärer Renitenz oft mühsam genug ist. Die Lehrer brauchen hier nicht weniger Beharrungs- und Wiederholungsvermögen als in der Grundschule, nur muß es sich zunehmend mehr durch den Unterrichtsstoff legitimieren als durch die Person. Fachlehrer sind zwar nicht unbedingt Ritualkundler, dennoch können sie in bestimmter Hinsicht die Stafette von den Grundschullehrern übernehmen und daran mitwirken,

---

51 Nicht überall gibt es eine vierjährige Grundschulzeit. Manche Länder dehnen sie auf sechs oder noch mehr Jahre aus. Der hier gemachte Vorschlag ist davon ebenso unabhängig wie von Schularten. Er setzt entwicklungspsychologisch an und orientiert sich allein an Jahrgängen. Und da drängt sich nach dem vierten und sechsten Schuljahr eine Zäsur auf.

daß das Präsentieren und Vorführen, das in der Grundschule einen stark theatralischen Akzent hat, sich nun zu einer Selbstverständlichkeit des Fachunterrichts ernüchtert. Aufführungen müßten nun häufiger, routinemäßiger, in kleinerem Rahmen stattfinden, und zwar als *Fachkonferenzen*. Das wären nicht bürokratische Lehrerkonferenzen, sondern performative Schülerkonferenzen. Klasse a etwa führt Klasse b und c vor, wie sie den Umfang des Schulgebäudes berechnet, den Schulgarten ausgestaltet hat, wie die örtliche Feuerwehr funktioniert etc.

Routine gegen Scham heißt dabei die Devise. In der Zeit der ersten pubertären Befangenheit kostet es besonders viel Überwindung, sich zu exponieren, aber es ist auch besonders hilfreich zur Selbstfindung, wenn man es schafft, und es fällt ungleich leichter, wenn es ebenso selbstverständlich zur Schule gehört wie Klassenarbeiten schreiben oder sich melden, wenn man etwas sagen will. Kein Schüler sollte sich vor dem Präsentierteller einer Vor- oder Aufführung drücken können. Die sich davon ausnehmen wollen, sind dabei ja nicht froh; sie erleben sich als sozial impotent; man muß ihnen darüber hinweghelfen, ihnen die Rollen und Aufgaben geben, mit denen sie es schaffen, und wenn es partout nicht geht, so hat man zumindest einen meist sehr zuverlässigen Indikator für tiefer liegende seelische Verletzungen, die auch sonst unterrichtsrelevant sein dürften. Wie sehr Einstudierungen und Aufführungen die Kosten für psychologische Früherkennung und Behandlung senken, ist noch gar nicht untersucht.

Bedingung für alle Fachkonferenzen wie auch Theateraufführungen ist freilich, daß sie nicht zensiert werden. Daß es Leistungen gibt, für die man sich verdammt angestrengt hat und dennoch nicht sogleich einen meßbaren Gegenwert bekommt, ist eine Erfahrung, für die der Schulalltag immer weniger Raum läßt. In der Präsentation kann man sie noch machen. Wer lernt, auf dem Präsentierteller standzuhalten, lernt etwas, was in der ganzen Lernerei zunehmend untergeht: daß Zensuren nicht alles sind. Es gibt Leistungen, die sich auf andere Weise lohnen, sei es, daß sie die beglückende Erfahrung der Selbstüberwindung mit sich bringen, sei es, daß sie dankbare oder anerkennende Worte und Gesten hervorrufen. Bei der Vor- oder Aufführung kommt gewöhnlich beides zusammen. Hier erfährt man die Differenz von Beifall und Zensur, die *in nuce* die gesamte Differenz von Leben und Schule enthält. Wer am Tropf der Zensuren hängt, seine ganze Motivation, aber auch sein ganzes Selbstbewußtsein aus ihnen saugt, gerät bei jeder ungerechten Benotung sogleich in eine Krise; und kein Lehrer quantifiziert immer gerecht. Distanz zu den Noten ist für Eigenmotivation und Persönlichkeitsbildung unschätzbar wichtig. Sie muß ebenso gelernt werden wie Bruchrechnung, aber sie ist keine abprüfbare Fertigkeit, sondern eine Art Grundbesonnenheit, die zum mentalen Boden aller Fertigkeiten gehört. Kein Lehrplan sieht sie als Lernziel vor. Der Raum der unbenoteten Präsentation öffnet ihr dennoch beträchtliche Entfaltungsmöglichkeiten.

Natürlich kann man Fachkonferenzen einfach aus dem Stand einführen – durch Schulbeschluß. Aber dann sind sie äußerlich aufgesetzt, und ob es gelingt, sie innerlich mit Leben zu füllen, ihnen die Selbstverständlichkeit einzuhauchen, die sie brauchen, ist sehr die Frage.[52] Etwas qualitativ

---

52 Es gibt hierzu ein interessantes Beispiel aus der Grundschule: den Klassenbriefkasten. Jeden Freitag wird er geleert. Die Woche über sollen die Schüler Briefe an ihre Klassenkameraden hineinstecken. Lehrer, die den Briefkasten bloß als «Methode» einführen, können erleben, daß er freitags leer ist oder spärliche, verknautschte, in

anderes ist es, wenn sie aus einer vierjährigen Grundschul-praxis hervorwachsen, wenn die rituelle Achse, die während dieser Zeit erst einmal dem gesamten Schulverhalten einge-zogen werden mußte, sich nun, gewissermaßen von innen heraus, fachkundlich stabilisiert und die gedrungenere, kom-paktere, prosaischere Form einer Konferenzachse annimmt. Dann nämlich kann die Fachkonferenz, die ganz beschei-den beginnen darf und in höheren Klassen von selbst an-spruchsvoller wird, tatsächlich das Forum werden, das die Achsenfunktion übernimmt – bis hinauf zum Abitur. Theater und Darstellendes Spiel wären nunmehr nicht länger der Brennpunkt des Schulalltags, nur noch seine Kometen und Highlights, und so wünschenswert es ist, daß sie auch wei-terhin gepflegt werden, so ist es von nun an richtig, sie zum «musischen Bereich» zu zählen, der nicht mehr für alle obli-gatorisch ist.

Form und Inhalt lieblose Zettel enthält. Wenn die Kinder nicht zu-gleich lernen, daß Briefe etwas Besonderes, Bedeutsames sind, eine Art der Mitteilung, die sich vom mündlichen Umgang abhebt, daß das Briefpapier entsprechend auszusuchen und zu gestalten ist, wenn der Brief Ausdruck der gemeinsamen Erfahrung sein soll, nun schon allerlei lesen und schreiben zu können – dann ist das Experiment Briefkasten bald zu Ende. Einen Ritus nur einführen genügt nicht. Man muß zu ihm hinführen. In diesem Fall muß die Lehrerin natürlich vorangehen und allen Schülern ein Briefchen schreiben, das zur Antwort motiviert. Wenn das Ritual aus einer Wertschätzung des Briefs erwächst, dann ist der Briefkasten frei-tags voll. Wer darf ihn heute öffnen, wer die Briefe verteilen, wer vorlesen, was er bekommen hat? Um diese Fragen ist dann großes Gedränge.

Die Transformation der rituellen Achse in eine Konferenzachse: das wäre die rituelle Hauptbeschäftigung im fünften und sechsten Schuljahr. Wenn die Vorarbeit in der Grundschule dafür solide war, brauchen die Fachlehrer keine eigene ritualkundliche Schulung. Sie müssen nur das ritualtheoretische Konzept hinter den Fachkonferenzen verstanden haben und von deren Relevanz für den gesamten Schulalltag überzeugt sein; dann wären sie allemal kompetent genug, aus ihren Fächern heraus Beiträge dafür zu entwickeln. Indem aber die Konferenz sich als rituelle Achse sedimentiert, wird zugleich der Boden für eine weitere Transformation bereitet. Was in fünften und sechsten Klassen noch fast ganz fehlt, sind Worte für die Spannung zwischen Gruppenzugehörigkeit und Vereinzelung oder Vereinsamung. Gemeinschaften – Familie, Schulklasse, Freundeskreis, Vereine – werden von innen erlebt, aber noch kaum von außen wahrgenommen: als strukturelle Gebilde. Wenn die Fähigkeit zu dieser Außensicht erste Konturen gewinnt, dann ist die Zeit reif für ein neues Schulfach. Gewöhnlich wird es vom siebten Jahrgang an unterrichtet: Sozialkunde. Wie aber erklärt man eine soziale Struktur? Indem man sich ihre Entstehung vergegenwärtigt. Auch Mineralien und Organismen haben ja eine Struktur; man spricht von ihrer chemischen beziehungsweise biochemischen Konsistenz. Die Elemente einer sozialen Struktur hängen jedoch nicht so eng zusammen wie die einer (bio)chemischen. Es sind Personen, die durch Handlungen verbunden sind, und zwar durch ganz bestimmte, die die Beteiligten immer wieder vollziehen, bis sie wie von selbst laufen, habituell geworden sind, einen rituellen Charakter bekommen haben. Soziale Strukturen sind rituelle

Verläufe, die so automatisch geworden sind, daß sie gelegentlich nicht einmal mehr einen Hauch von Feierlichkeit verspüren lassen. Und eine soziale Struktur ist stets mehr als eine Summe von Individuen. Sie tritt den einzelnen als etwas Eigenständiges gegenüber, das Macht über sie hat und bei Lichte besehen doch bloß eine geliehene Macht ist, Eigenständigkeit auf Pump sozusagen, die nur so lange Bestand hat wie diejenigen, die ihr unterstehen, sie immer wieder von neuem durch ihr Handeln hervorbringen und bestätigen. Eingefleischte Strukturalisten mögen sich schwertun mit dieser Sicht. Für sie sind Strukturen etwas Unableitbares, Erstes, ein Igel, der immer schon da ist, wenn der Hase kommt. Sie wissen nichts von der kulturstiftenden Kraft des Wiederholungszwangs – und damit auch nichts von seiner strukturbildenden. Schüler wiederum tun sich schwer mit dem Strukturalismus und seiner Unfähigkeit, Strukturen als etwas Gewordenes zu begreifen. Darum aber geht es hier. Etwas begreifen heißt verstehen, wie es geworden ist.

Man hat längst erraten, worauf ich hinauswill. Ich schlage vor, soziale Strukturen ritualtheoretisch zu reformulieren: als geronnene Wiederholungen. Die einschlägigen Themenkomplexe, die in amtlichen Lehrplänen für Sozialkunde vorgesehen sind, lassen das nicht nur mühelos mit sich machen; sie gewinnen dadurch auch einen gemeinsamen roten Faden, der hier an einem geeigneten Beispiel, den Rahmenrichtlinien Berlin-Brandenburgs für die Jahrgänge sieben bis zehn, wenigstens angedeutet werden soll.[53] «Jugend und Politik» heißt

53 www.Bildungsserver.de. Daß in einigen Bundesländern Sozialkunde als Fach gar nicht mehr existiert und für gut befunden wurde, es in Fächer wie «Arbeit-Wirtschaft-Technik» und «Politik» ausein-

dort der erste große Themenkomplex. Man wird ihn nicht interessant machen können, ohne auf politische Parteien zu kommen: wie sie zunächst als Foren politischer Willensbekundung zustande kommen; wie sich dann gewisse ihrer Handlungsabläufe zu Apparaturen verselbständigen; wie Jugendliche zwar aufgefordert werden, sich politisch zu betätigen, aber immer weniger Sinn darin sehen, sich in Parteiapparaturen hochzudienen oder aufzureiben; wie sie nach Betätigungsmöglichkeiten in außerparlamentarischen Verbänden und Organisationen suchen, aber auch dort mit gewissen Wiederholungsabläufen konfrontiert werden, die sie vor die Frage stellen, ob sie den Willen zur direkten politischen Mitgestaltung lieber aufgeben oder bestimmte seiner strukturellen Gestehungskosten in Kauf nehmen wollen.

«Recht und Rechtsprechung» heißt der nächste Hauptposten im Lehrplan. Auch er läßt sich ritualtheoretisch darstellen. Rechte sind gesetzlich gerahmte Freiräume, innerhalb derer man tun und lassen kann, was man will – nach Wunsch eine Partei wählen, einen Beruf ergreifen, einer Glaubensgemeinschaft beitreten, kaufen und verkaufen etc. Der Rahmen des rechtlichen Freiraums ist eine Struktur. Sie dämmt ihn ein, und sie findet sich kodifiziert in Gesetzen. Gesetze werden zwar beschlossen; es sind «Setzungen». Aber sie gehen aus naturwüchsigen Gewohnheiten hervor, und die sind umweltabhängig. Über diese Abhängigkeit ragen vernünftige Gesetze zwar hinaus, aber sie werden sie nie ganz los. Je nach den Übergriffen, die sie eindämmen sollen, entwickeln sich Gesetze daher im einen Gemeinwesen so und im andern anders. Es

anderzureißen, ist ein Problem für sich, aber kein Hinderungsgrund für die folgenden Ausführungen.

gibt verschiedene Rechtstraditionen. Sie zehren von den geronnenen Wiederholungen des Gewohnheitsrechts. Deshalb müssen Gesetze prinzipiell zwar revidierbar sein, aber solange sie gelten, auch unantastbar. Nicht von ungefähr heißen Gerichtsurteile «Sanktionen», wörtlich: Heiligungen. Urteilsverkündungen sind feierliche, rituelle Akte, geschehen «im Namen des Volkes», die Beteiligten erheben sich.

Es fiele nicht schwer, auch die Themenkomplexe «Demokratie als Herrschaftsform» und «Wirtschaft und Arbeitsleben» ritualtheoretisch durchzugehen und die Strukturen der Gewaltenteilung und Volkssouveränität, des Marktes und Wirtschaftsbetriebs als geronnene Wiederholungen zu erweisen. Der Themenkomplex «Kommunikation und Medien» schließlich, der in den hier herangezogenen Richtlinien fast am Schluß steht, führt wie von selbst an den Nervenpunkt der gesamten Aufmerksamkeitsdefizitkultur: den Konflikt zwischen ritualisierend-deeskalierender und deritualisierend-eskalierender Wiederholung. Es gibt also gute Gründe, das Fach Sozialkunde in Ritualkunde umzuschreiben und den Jugendlichen auf eine bisher nicht übliche Weise soziale Strukturen als eine Art rituelles Nervengeflecht nahezubringen, das sie selber durchzieht und betrifft. Doch das ist erst die halbe Pointe. Es kommt noch etwas Entscheidendes hinzu: das Herkunftsgebiet des Rituals, der sakrale Raum. Dort hat ja alles Menschenspezifische einst angefangen, und auch in profanierter High-Tech-Umgebung sind sakrale Räume nicht ausgestorben. Und so gerät die Ritualkunde unweigerlich auf jenes verminte Schulgelände, auf dem konfessioneller und konfessionsneutraler Religionsunterricht sowie philosophische Ethik (Werte und Normen) ihre Claims nicht aufhören abzustecken.

Auf diesem Gelände kann man es nicht allen recht machen. Und doch brächte die Ritualkunde ein Entgiftungspotential dorthin mit, dem die Gelegenheit zur Erprobung nicht versagt werden sollte. Es steckt in ihrem Vermögen, am Profanierungsprozeß das Verbindende nicht minder nachdrücklich hervorzukehren als das Trennende. Jeder, so profan er auch sonst die Welt anschaut, hat irgendeine Gewohnheit oder Einstellung (und Einstellungen sind mentalisierte Gewohnheiten), die er auf keinen Fall lächerlich gemacht, will sagen, entweiht wissen möchte. So unverletzlich ist keiner, daß ihm absolut nichts unantastbar, nichts «abgesondert», nichts heilig wäre. Solange wir quälbare, gebrechliche, sterbliche Wesen sind, bekommen wir das Geheiligte nicht aus der Welt – und damit auch nicht aus der Schule. Die Schulbehördensprache drückt das nur neutraler aus. Statt von «Geheiligtem» redet sie von «Werten» und meint damit keine ökonomischen, sondern ethische, also solche, auf die einzelne oder Gruppen ihr «Ethos» – wörtlich: Verhalten – gegründet wissen wollen. Für Juden, Christen, Moslems ist ein einziger Gott ein solcher Wert, für andere die Menschenwürde, die Demokratie, das Leben, das Mitleid, die Liebe. Ein Wert schließt die andern nicht aus; man kann mehrere gleichzeitig haben, steht dann allerdings vor dem Problem, das früher schon einmal der Polytheismus hatte; man muß zusehen, wie man die verschiedenen Werte abstuft und koordiniert, damit sie einander nicht in die Quere kommen.

Wenn sie aber allesamt etwas genuin Ethisches, Sittliches sind, dann sind sie nichts anderes als nach innen gestülpte, verdichtete, vergeistigte Sitten. Die Einstellung zu ihnen ist nie nur etwas Innerliches; sie muß sich äußern, kann das aber nicht beiläufig vor dem Fernseher oder beim Telefonieren. Auch der Schnoddrigste braucht dazu rituelle Minimalbedingungen: einen kleinen Schonraum, ein Gegenüber, das Aufmerksamkeit und Respekt verheißt, sowie einen Tonfall und Gesten, die dieser Umgebung angemessen sind. Und selbst wo es nicht nur um individuelle Einstellungen geht, sondern um Hochreligionen, in deren weiten Verzweigungen sich nur Fachleute auskennen, da gibt es dennoch so etwas wie einen rituellen Generalschlüssel. Durch nichts erschließt sich das Wesen einer Religion besser als durch ihre Zentralriten, die Sakramente. Im Christentum wären deren Minimalbestand Taufe und Abendmahl, in übertragenem Sinne vielleicht noch Vaterunser und Credo. Im Islam entsprächen dem die «fünf Säulen»: das Bekenntnis zu Allah und seinem Propheten Mohammed, das fünfmalige tägliche Gebet, das Fasten im Ramadan, das Almosen und die Wallfahrt nach Mekka. Wer von den Sakramenten aus Ausflüge in die vielfältigen Dokumente der jeweiligen Religion unternimmt und darin Ausfaltungen dessen zu erkennen lernt, was sich in ihren Sakramenten wie in einem Knoten zusammenzieht, gewinnt außer solider Materialkenntnis auch einen Blick für die Einheit in der Vielheit und erwirbt einen methodischen Kompaß, um sich auch in unvertrauten Religionsgegenden auf verständige Weise zu bewegen.

Sozialkunde hat es mit Strukturen zu tun, Religion/Ethik mit Werten: so teilt die Schuladministration die soziale Welt ein. Doch diese Einteilung greift weniger denn je. Soziale Strukturen erweisen sich als nach außen gekehrte Werte wie Werte als innerlich sedimentierte Strukturen. Beide durchzieht ein gemeinsamer ritueller Nerv. Er ist es, der mich eine umfassende Synthese vorschlagen läßt: den Zusammenschluß von Sozialkunde und Religion/Ethik zum Fach Ritualkunde – mit der vollen Stundenzahl der beiden Fächer, die es in sich aufnimmt. So käme Ritualkunde einem Hauptfach durchaus nahe. Es wäre ferner ein konfessionsneutrales Fach – und gleichwohl den konfessionellen Anliegen der Religionsgemeinschaften um einiges näher als jeglicher separater Werteunterricht für Nichtgläubige. Denn Ritualkunde stellt schon von ihrem Ansatz her die abstrakte Trennung von sakral und profan grundsätzlich in Frage.[54] Jugendliche, die in ihren Zimmern große Poster ihrer Popstars hängen haben, in ihren Ohrstöpseln nur deren Musik erklingen lassen, ihnen in Frisur und Kleidung möglichst ähnlich sein wollen und engagiert in ihrem Internet-Fanclub mitmischen: tun sie etwas anderes, als sich in einem liturgischen, mit Ikonen versehenen Raum zu bewegen und sich mit anderen um ein Heiliges zu sammeln? Fans, die mit ihrer Fußballmannschaft die kostspielige Reise ins gegnerische Stadion antreten, angetan mit den Farben in Symbolen der Ihren und ausgestattet mit Blas- und Schlaginstrumenten zu deren lautstarker, notfalls handgreiflicher Unterstützung: begeben sie sich nicht auf Pilgerfahrt? Inszenieren Juwelierläden und Boutiquen ihre Schaufenster nicht wie Sakralräume, die Schmuckstücke wie Reliquien, die Schals wie Altartücher? *Pseudo*religiös erscheinen solche Phänomene allenfalls vom hohen Roß etablierter Großreligionen aus, die nur, was *ihrem* Gott dient, als «religiös» anerkennen und ignorieren, wie viele Jugendliche zu ihren Idolen ein inbrün-

54 Das eint sie mit dem Modell «Lebensgestaltung-Ethik-Religion» (LER). Sie bindet es lediglich in einen umfassenderen, gesamtschulischen Kontext ein.

stigeres Verhältnis haben als so mancher routinierte Theologe zu Jesus Christus.

Wie religiös aber sind die Hochreligionen selbst? Kirchliche Würdenträger etwa lassen ihre Reisen ähnlich gestalten wie Popstars ihre Konzertreisen; sie nehmen Werbeagenturen in Anspruch, deren Christlichkeit sie nicht überprüfen; sie dulden bereitwillig das Merchandising um ihre Person und vertreiben die Händler nicht von den Tempelrändern. Sie leiten Körperschaften öffentlichen Rechts und beschäftigen und entlassen Personal je nach Wirtschaftslage wie profane Einrichtungen auch. Es gibt keine sakrale Sphäre mehr, die nicht tief von Profanität durchdrungen wäre, wie umgekehrt kein keimfrei profaner Raum ohne jede sakralen Ablagerungen existiert. Die wechselseitige Durchdringung von Sakralem und Profanem, ebenso wie von Werten und Strukturen, muß zur Kenntnis nehmen, wer sich auf die multikulturelle Gemengelage der Gegenwart ernsthaft einlassen will. Das täte das Fach Ritualkunde umfassender und gründlicher als alles bisher Vorgeschlagene.

Es wäre zudem von langer Hand vorbereitet. Zunächst einmal sollten ja seine Vorboten wirken: die rituelle Achse der Grundschule und ihr Erbe, die performative Fachkonferenz. Erst auf deren gefestigtem Boden träte Ritualkunde als explizites Schulfach überhaupt an und würde nun thematisieren und reflektieren, was seit der Einschulung bereits praktiziert wurde. Ritualkunde wäre von nun an zweierlei: allgemeine Achse und besonderes Fach. Im Schulfach selbst aber fiele beides ineinander. Es wäre genauso in die Achse eingebunden, genauso gehalten, Proben seines Stoffs für die Fachkonferenz vorzubereiten und dort vorzuführen, wie alle anderen Fächer auch. Aber sein Stoff wäre das Wiederholen, Einüben, Ritualisieren, Vorführen selbst: seine Tragweite und Grenzen, seine festigende und verfestigende, Halt gebende und einengende Wirkung.

Kaum ein Fach wäre so selbstbezüglich wie Ritualkunde, auch in einem ganz existentiellen Sinne. Sich ernsthaft in Rituale einüben kann man schlecht, ohne sie zu bejahen. Rituale sind Bekenntnishandlungen. Wer sie zelebriert, exponiert sich und muß dazu stehen. Ritualkunde umschließt daher zweierlei: Bekenntnisse lernen und bekennen lernen. Tatsächlich lernt man soziale Gebilde am ehesten von ihren Bekenntnishandlungen aus kennen, den Fußballfanclub nicht minder als die muslimische oder christliche Gemeinde. Aber auch Bekennen will gelernt sein; nicht nur die korrekte Abfolge von Gesten, Handgriffen und Worten, sondern auch, daß man es aushält, dazu zu stehen – und daß andere, die dieses Bekenntnis nicht teilen, seinen rituellen Vollzug ebenfalls aushalten.

In einer multikulturellen Gesellschaft ist das eine heikle Gratwanderung. Wo Bekenntnishandlungen im öffentlichen Raum sichtbar werden, entsteht explosiver Konfliktstoff. Im Raum der Schule ist das gar nicht zu vermeiden. Allein schon in der Kleidung steckt so viel Bekenntnishaftes. Jedes Logo in Markenklamotten kommt als *branding* daher, das seinem Träger eine Zugehörigkeit aufprägt; man soll der Gemeinde von Nike, Adidas oder Benetton angehören. T-Shirts mit Botschaften wie «Atomkraft? Nein danke» oder «Eine andere Welt ist möglich» greifen dies Ansinnen auf und wenden es politisch. Logos werden zu Identitätsstiftern, zu Wertmanifestationen. Muslimisches Kopftuch, jüdische Kippa und christliches Kreuz treten in ihren Wettbewerb ein. Absurd, hier fein säuberlich zwischen profanen und sakralen Logos unterscheiden zu wollen. Um so wichtiger ist ein schulisches Forum, wo das Verhältnis von Kleidung, Ritus und Bekenntnis unter den Aufmerksamkeitsbedingungen einer Logo-Kultur in reflektierter Weise ausagiert werden kann. Das geschähe, wenn die Ritualkunde zur Fachkonferenz anträte. Da käme, wenn es gut läuft, die spannungsgeladene multikulturelle Atmosphäre zum symbolischen Ausdruck statt zum gewaltsamen Ausbruch. Wenn ritualkundliche Präsentationen dahin gelangten, daß Schüler einander die Rituale vorführen und erklären, die ihnen etwas bedeuten (und vorführen muß nicht eins zu eins zelebrieren sein) – Rituale aus Vereinen, Fanclubs, Religionsgemeinschaften, was immer es sei –, ohne daß sich die anderen darüber im geringsten lustig machen; wenn es dabei gelänge, für die eigenen konfessorischen und rituellen Empfindlichkeiten wie für die der anderen eine gemeinsame Sprache zu finden, dann wäre Ritualkunde in ihrem Element – und weit mehr für sozialen Frieden und interkulturelle Verständigung getan als durch alle Toleranzappelle.

Die Religionsgemeinschaften, namentlich die Kirchen, sollten sich gut überlegen, ob es wirklich in ihrem Interesse ist, gegen die hier konzipierte Ritualkunde zu sein. Es träte mit ihr eine Disziplin in die Schule ein, die vom ersten Schuljahr an Vertrautheit mit Ritualen und religiösen Texten schafft, sie zunächst praktisch einbindet in die Gemeinschaftsbildung und später auch theoretisch in ein gründliches Verständnis sozialer Gebilde, zwar nicht im Dienst bestimmter Konfessionen, aber im Interesse einer wohlverstandenen Bekenntnismentalität, und das alles im Hauptunterricht. Könnte die Schule eine bessere Serviceleistung für konfessionellen Religionsunterricht überhaupt erbringen? Übernähme sie damit nicht zentrale seiner Belange, die er selbst als das Randfach, das er auch bei hartnäckigster Lobbyarbeit der Kirchen bleiben wird, nicht annähernd erfüllen kann? Wäre er zu den Konditionen funktionierender Ritualkunde als freiwillige Arbeitsgemeinschaft nicht weit besser bedient als im gegenwärtigen Fächerkanon als «ordentliches» Schulfach?

Vorerst ist mit alledem Ritualkunde nur schattenhaft umrissen. Sie durchliefe drei Phasen. In den ersten vier Schuljahren wäre sie die Achse des gesamten Unterrichts. Alle Grundschullehrer müßten eine ritualkundliche Grundbildung und einen Fundus naturwüchsiger kindlicher Ausdrucksformen mit in die Schule bringen, als Stütze ihrer schier unerschöpflichen Geduld und ihres Vertrauens in die Kraft menschlicher Wiederholung. In den nächsten beiden Jahren müßte die rituelle Gesamtachse sich zum Rückgrat performativer Fachkonferenzen stabilisieren. Dann erst würde Ritualkunde als explizites Fach ins Schulgeschehen eintreten und Sozialkunde und Religion/Ethik in sich vereinigen – samt deren vollem Stundenkontingent. Lehrer, die dieses Fach unterrichten, müssen allerdings mehr absolviert haben als «eine kleine Archäologie» des Rituals. Sie müssen in dessen Materie religionsgeschichtlich, ethnologisch und psychoanalytisch gründlich eingedrungen sein und gelernt haben, soziale Strukturen ritualtheoretisch zu verstehen. Sie müssen keine studierten Historiker sein, aber einen ausgeprägten Sinn für Geschichte haben, namentlich für die Gewordenheit sozialer Gebilde. Sie müssen keine Fachleute für Christentum, Islam oder eine andere der sogenannten Hochreligionen sein, aber fähig, diese Religionen von ihren Sakramenten aus aufzuschlüsseln. Sie müssen gewissermaßen studierte Ritualleser sein, das Rüstzeug haben, um auch ihnen unvertraute Riten gemeinsam mit den Schülern zu entzif-

fern und so eine gewisse ritualtheoretische Alphabetisierungs-
arbeit zu leisten.

Damit ist keineswegs gemeint, daß sie das Wort Ritual un-
entwegt im Munde führen sollen, bis die Schüler es nicht mehr
hören mögen, oder den Unterricht auf eine Art Ritualbotanik
reduzieren: eine möglichst umfassende Sammlung ritueller
Phänomene. Solchen Mißverständnissen kann ein katholi-
scher Heiliger vorbeugen. Für Thomas von Aquin war Gott
zwar der einzig wahre Gegenstand der Theologie, aber nicht
so, daß sie in allen großen und kleinen Dingen immer nur *ihn*
zu entdecken hätte; vielmehr sei ihre Aufgabe, *omnia sub ratione Dei* (alles in Hinsicht auf Gott, aber auch von Gott aus
[*sub ratione* heißt beides]) zu betrachten.[55] Abzüglich jeglicher metaphysischen Ehrfurcht für ihren Gegenstand müßte
Ritualkunde genau so verfahren: die soziale Welt *sub ratione
ritus* wahrnehmen. In dieser Welt gibt es vieles, was nicht rituell ist, Phänomene wie Dysfunktionalität, Abweichung,
Spontaneität, Kreativität, Subversion, Revolution; und doch
hängen sie allesamt in der Luft ohne eine Basis eingespielter,
kodifizierter Wiederholungen, die ebenso Halt geben wie ein-
engen. Die Spektralfarben der Freiheit können kaum besser
studiert werden als aus ritualkundlicher Perspektive.

I have a dream. Einen sehr bescheidenen Traum; lediglich ein
neues Schulfach. Aber ich sehe sie schon alle vor mir, die ab-
winken: viel zu umständlich, viel zu aufwendig. Da müßte
man ja einen beträchtlichen Teil der Lehrerausbildung und des
Schulunterrichts umstellen, sich erneut mit den Kirchen und
andern Religionsgemeinschaften anlegen, und das alles, wo

55 Thomas von Aquin, *Summa Theologica*, I q. 1 a. 7.

ohnehin schon so viel Hektik ist und dauernd neue Verordnungen aus den Kultusministerien kommen. Und schließlich: Wer bürgt für den Erfolg der ganzen Mühe? Niemand. Allerdings verbürge ich mich dafür, daß die Aufmerksamkeitsdefizitkultur erst in den Anfängen steckt; ihre volle Wucht steht noch bevor. Man kann förmlich zusehen, wie ihre Hektik zunimmt. Ich schlage lediglich einen schulischen Sammelpunkt gegen sie vor. Dieser Punkt läßt sich setzen, wenn er ernstlich gewollt wird. Er wäre ein Signal dafür, daß allmählich verstanden wird, was Aufmerksamkeitsdefizitkultur ist. Die Einrichtung eines neuen Schulfachs allein bewirkt freilich wenig. Es braucht Pädagogen, die es als Unterstützung ihrer eigenen Intentionen empfinden und es durch ihre tägliche Arbeit mit Leben erfüllen.

Nachbemerkung und Dank

Angeregt wurde dies Büchlein von Stefan Bollmann. Er war seinerseits angeregt von einem Artikel in der *Süddeutschen Zeitung*. Thomas Steinfeld hatte dort meinem Verdacht Nachdruck verliehen, daß das grassierende Aufmerksamkeitsdefizitsyndrom nur durch eine umfassende Kulturtheorie verständlich werden kann. Es bot sich nun an, diesem Verdacht das Format eines Büchleins zu geben. Das *Buch* dahinter ist meine *Philosophie des Traums*. Sie enthält die theoretischen Grundlagen, die hier nur auf eine bestimmte Problemstellung hin zugespitzt und schließlich in einen pädagogischen Vorschlag überführt worden sind.

Stefan Bollmann hat das Ergebnis seiner Anregung mit stets hilfreichen Vorschlägen lektoriert. Werner Balzer hat den Text mit freundschaftlicher Empathie durchdrungen und allerlei Korrekturbedürftiges darin aufgespürt. Die kritische Inspektion, der Andreas Gruschka ihn unterzogen hat, ist nicht ohne Auswirkung auf seine Endgestalt geblieben. Gewidmet ist er meiner pädagogischen Muse. Ohne ihre Eingaben wäre er nicht, was er ist.

Literaturverzeichnis

Adorno 1986 [1962]: Theodor W. Adorno, *Auf die Frage: Warum sind Sie zurückgekehrt*, Gesammelte Schriften, Band 20. 1, Suhrkamp, Frankfurt am Main

Anders 1956: Günther Anders, *Die Antiquiertheit des Menschen*, Erster Band, C. H. Beck, München

Balzer 2011: Werner Balzer, *Subjekt und Synapse. Streifzüge durch die Umwelten von Mensch und Maschine*, Manuskript. Erscheint in PSYCHE. Zeitschrift für Psychoanalyse und ihre Anwendungen, 2. Halbjahr 2012

Benjamin 1974 [1936]: Walter Benjamin, *Das Kunstwerk im Zeitalter seiner technischen Reproduzierbarkeit*, Gesammelte Schriften (ed. Tiedemann/Schweppenhäuser), Bd. I. 2, Suhrkamp, Frankfurt am Main

Bergmann 2007: Wolfgang Bergmann, *Ich bin nicht in mir und nicht außer mir*, in: Bernd Ahrbeck (Hg.), Hyperaktivität. Kulturtheorie, Pädagogik, Therapie, Kohlhammer, Stuttgart

Bleuler 1975: Eugen Bleuler, *Lehrbuch der Psychiatrie*, Springer, Berlin, Heidelberg, New York, 13. Auflage

Brandl 2007: Yvonne Brandl, *Einmal bitte Öl wechseln und die Schaltung reparieren. Sprache und metaphorische Wahrnehmungen zur kindlichen Verhaltensbeschreibung*, in: Bernd Ahrbeck (Hg.), Hyperaktivität. Kulturtheorie, Pädagogik, Therapie, Kohlhammer, Stuttgart

Bueb 2006: Bernhard Bueb, *Lob der Disziplin*, List, Berlin, 5. Auflage

Burkert 1997: Walter Burkert, *Homo Necans*. Interpretationen altgriechischer Opferriten und Mythen, Berlin und New York, 2. Auflage

Dammasch 2006: Frank Dammasch, *ADHS – endlich hat das Kind einen Namen*, in: Marianne Leuzinger-Bohleber/Yvonne Brandl/Gerald Hüther (Hg.), ADHS – Frühprävention statt Medikalisierung, Vandenhoeck & Ruprecht, Göttingen

Dammasch 2011: Frank Dammasch, *Der umklammerte Junge, die frühe Fremdheitserfahrung und der abwesende Vater*, in: Kinderanalyse, 17. Jahrgang, Heft 4, Klett-Cotta, Stuttgart

Eisenstein o. J.: Sergej Eisenstein, in: *Film. Auge – Faust – Sprache. Filmdebatten der 20er Jahre in Sowjetrußland*, Berliner Filmkunsthaus Babylon, Berlin

Freud 1972 [1900]: Sigmund Freud, *Die Traumdeutung*, Studienausgabe, Band II, Fischer, Frankfurt am Main

Freud 1975 [1920]: Sigmund Freud, *Jenseits des Lustprinzips*, Studienausgabe, Band III, Fischer, Frankfurt am Main

Freud 1969 [1933]: Sigmund Freud, *Vorlesungen zur Einführung in die Psychoanalyse*, Neue Folge, Studienausgabe, Band I, Fischer, Frankfurt am Main

Gruschka 2011: Andreas Gruschka, *Verstehen lehren. Ein Plädoyer für guten Unterricht*, Reclam, Stuttgart

Günter 2009: Michael Günter, *ADHS – eine Denk- und Affektverarbeitungsstörung?*, in: Kinderanalyse, 17. Jahrgang, Heft 4, Klett-Cotta, Stuttgart

Gerspach 2006: Manfred Gerspach, *Zum Verstehen von Kindern mit Aufmerksamkeitsstörungen*, in: Marianne Leuzinger-Bohleber/ Yvonne Brandl/Gerald Hüther (Hg.), ADHS – Frühprävention statt Medikalisierung, Vandenhoeck & Ruprecht, Göttingen

Hopf 2011: Hans Hopf, *«Ich fühlte mich nicht allein in der schweren Situation…». Supervision der psychoanalytischen Behandlung eines neunjährigen Jungen mit der fachärztlichen Diagnose ADHS*, in: Kinderanalyse, 17. Jahrgang, Heft 4, Klett-Cotta, Stuttgart

Hüther 2006: Gerald Hüther, *Die nutzungsabhängige Herausbildung hirnorganischer Veränderungen bei Hyperaktivität und Aufmerksamkeitsstörungen*, in: Marianne Leuzinger-Bohleber/ Yvonne Brandl/Gerald Hüther (Hg.), ADHS – Frühprävention statt Medikalisierung, Vandenhoeck & Ruprecht, Göttingen

Kant 1968 [1803]: Immanuel Kant, *Über Pädagogik*, Werke, hg. v. Wilhelm Weischedel, Band XII, Suhrkamp, Frankfurt am Main

Klee 1987: Paul Klee, *Kunst-Lehre*, Reclam, Leipzig

Klein 2000 [1946]: Melanie Klein, *Bemerkungen über einige schizoide Mechanismen*, Gesammelte Schriften, Band III, Frommann-Holzboog, Stuttgart-Bad Cannstadt

Kraus 1986 [1919]: Karl Kraus, *Aphorismen*, Schriften, Band 8, Suhrkamp, Frankfurt am Main

Lévi-Strauss 1995: Claude Lévi-Strauss, *Ein Hymnus an die Jugend*, Frankfurter Rundschau, 21. 3. 1995

Malebranche 1995 [1707]: Nicole Malebranche's *Traité de Morale*, Flammarion, Paris

Metzger/Riehn 1989: Heinz-Klaus Metzger/Rainer Riehn, *Theodor W. Adorno. Der Komponist*, Musik-Konzepte 63/64, edition text + kritik, München

Marx 1972 [1848]: Karl Marx, *Zur Kritik der Hegelschen Rechtsphilosophie. Einleitung*, Marx-Engels-Werke, Band 1, Dietz, Berlin

Marx 1975 [1835]: Karl Marx, *Abituraufsatz*, Marx-Engels Gesamtausgabe (MEGA), Band I. 1, Dietz, Berlin

Nietzsche 1986 [1882]: Friedrich Nietzsche, *Brief an Heinrich Köselitz*, Februar 1882, Sämtliche Briefe, Kritische Studienausgabe, Band 6, dtv, München

Novalis 1978 [1797]: Novalis, *Blüthenstaub*, Werke, Tagebücher und Briefe Friedrich von Hardenbergs, Band 2, herausgegeben von Hans-Joachim Mähl, Hanser, München

Otto 1963 [1917]: Rudolf Otto, Das Heilige, C. H. Beck, München

Perner 2007: Achim Perner, *Das Drängen des Triebes und die postmoderne Nervosität*, in: Bernd Ahrbeck (Hg.), Hyperaktivität. Kulturtheorie, Pädagogik, Therapie, Kohlhammer, Stuttgart

Schmoll 2011: Heike Schmoll, *Politische Handschriften. In Hamburg ist ein Streit über das richtige Schreibenlernen in der Grundschule entbrannt*, Frankfurter Allgemeine Zeitung, 3. 8. 2011

Sennett 1998: Richard Sennett, *Der flexible Mensch*, Berlin Verlag, Berlin

Tomasello 2002 [1999]: Michael Tomasello, *Die kulturelle Entwicklung des menschlichen Denkens*, Suhrkamp, Frankfurt am Main

Türcke 2002: Christoph Türcke, *Erregte Gesellschaft. Philosophie der Sensation,* C. H. Beck, München

Türcke 2008: Christoph Türcke, *Philosophie des Traums,* C. H. Beck, München

Winnicott 2002 [1974]: Donald W. Winnicott, *Vom Spiel zur Kreativität,* Klett-Cotta, Stuttgart, 10. Auflage

Aus dem Verlagsprogramm

Christoph Türcke bei C.H.Beck

Erregte Gesellschaft
Philosophie der Sensation
2. Auflage. 2011. 328 Seiten. Leinen

Vom Kainszeichen zum genetischen Code
Kritische Theorie der Schrift
2005. 247 Seiten. Broschiert

Philosophie des Traums
Broschierte Sonderausgabe. 2011. 252 Seiten

Sigmund Freud
Über Träume und Traumdeutung
Herausgegeben und mit einem Nachwort versehen
von Christoph Türcke
2010. 223 Seiten mit 1 Abbildung. Paperback

Verlag C.H.Beck